高等职业教育精品教材·财务会计类

审 计 信 息 化

主　编　王　伟　王　静　林　文

副主编　曲峻欣　王春燕　王　宁

北京理工大学出版社
BEIJING INSTITUTE OF TECHNOLOGY PRESS

内容简介

本书按照高等教育的人才培养目标及专业教学改革的需要，根据最新标准编写而成。本书共分为四个项目，主要内容包括审计信息化认知、信息化审计准备、信息化审计实施和信息化审计终结。

本书可作为高等院校审计、会计、财务管理等专业的教材，也可作为审计从业人员的专业培训教材和业务学习资料。

版权专有　侵权必究

图书在版编目（CIP）数据

审计信息化 / 王伟，王静，林文主编. —北京：北京理工大学出版社，2020.11（2020.12重印）
ISBN 978-7-5682-9288-7

Ⅰ.①审… Ⅱ.①王…②王…③林… Ⅲ.①审计–信息化–高等学校–教材 Ⅳ.① F239.1

中国版本图书馆 CIP 数据核字（2020）第 232781 号

出版发行 / 北京理工大学出版社有限责任公司
社　　址 / 北京市海淀区中关村南大街 5 号
邮　　编 / 100081
电　　话 /（010）68914775（总编室）
　　　　　（010）82562903（教材售后服务热线）
　　　　　（010）68944723（其他图书服务热线）
网　　址 / http://www.bitpress.com.cn
经　　销 / 全国各地新华书店
印　　刷 / 三河市天利华印刷装订有限公司
开　　本 / 787 毫米 × 1092 毫米　1/16
印　　张 / 10.5　　　　　　　　　　　　　　　责任编辑 / 王俊洁
字　　数 / 248 千字　　　　　　　　　　　　　文案编辑 / 王俊洁
版　　次 / 2020 年 11 月第 1 版　2020 年 12 月第 2 次印刷　责任校对 / 周瑞红
定　　价 / 32.00 元　　　　　　　　　　　　　责任印制 / 施胜娟

图书出现印装质量问题，请拨打售后服务热线，本社负责调换

前　言

在《国家职业教育改革实施方案》的方针和指导下，为推动高职教材、教师、教法改革的需要，全面开展基于工作过程的新型活页式和工作手册式教材的开发与建设，注重"以学生为中心、以成果为导向"的教学理念，我们根据计算机审计实务课程标准，在校企合作、互利共赢的基础上，编写了本教材。

本教材按照"学、做、教"一体化的要求，从企业审计信息化工作岗位出发，以提出任务和职业能力分析为基础，形成系统化的职业能力清单，并以各条职业能力为核心构建学习单元，从而实现教材活页化，将职业能力落实在操作过程中，进而实现教材手册化。根据提出的典型任务设置了四个教学项目，审计信息化认知、信息化审计准备、信息化审计实施和信息化审计终结，采用岗位引领、任务驱动的教学方法，重视对学生职业能力的培养，具有较强的实践性。

本书主要体现了以下几个特点：

1. 教材内容对接企业岗位需求。

在内容选取上突出高等职业教育人才培养的特点，对接企业岗位需求，力求服务区域经济发展，学习任务来源于真实工作，体现学习和工作一体化，提高了学生的课堂参与度。

2. 创新教学模式。

采用岗位引领、任务驱动的教学方法，每个项目都根据企业提出的典型任务设置内容，通过完成任务，让学生学会认识问题、分析问题、解决问题，学会思考研究，力求让"学、做、教"一体化。

3. 注重培养学生的综合素质、能力。

通过小组共同完成提出的任务，使学生具备良好的沟通协调能力，增强团队合作意识，全面提高学生的职业素养。

本教材由山东商务职业学院王伟、王静、林文担任主编，由曲峻欣、王春燕（烟台文化旅游职业学院）、王宁（山东海事职业学院）担任副主编，由吕秀娥、付晓、张岗、姚晓刚、刘德元参与指导与编写，在编写过程中得到了用友审易软件的支持与用友新道技术的指导，体现了校企合作、工学结合，与企业实际业务流程衔接紧密，有着较强实用性和针对性。

由于编者水平有限，书中如有不足之处，敬请各位专家和读者批评指正。

编　者

目 录

项目1 审计信息化认知 …………………………………………………… 001
  1.1 审计信息化概念认知 ……………………………………………… 001
    1.1.1 审计信息化的含义 …………………………………………… 001
    1.1.2 审计信息化的必要性 ………………………………………… 002
  1.2 审计信息化发展认知 ……………………………………………… 004
    1.2.1 审计信息化的发展历程 ……………………………………… 004
    1.2.2 审计信息化的软件应用 ……………………………………… 005

项目2 信息化审计准备 …………………………………………………… 010
  2.1 基础设置 …………………………………………………………… 018
    2.1.1 系统基础设置 ………………………………………………… 018
    2.1.2 审计项目设置 ………………………………………………… 033
  2.2 数据准备 …………………………………………………………… 048
    2.2.1 数据导入 ……………………………………………………… 049
    2.2.2 数据校验 ……………………………………………………… 067
    2.2.3 控制测评 ……………………………………………………… 073

项目3 信息化审计实施 …………………………………………………… 080
  3.1 审易实施工具应用 ………………………………………………… 080
    3.1.1 账证查询 ……………………………………………………… 081
    3.1.2 审计预警 ……………………………………………………… 098
    3.1.3 审计检查 ……………………………………………………… 104
    3.1.4 科目分析 ……………………………………………………… 107

3.1.5 审计抽样 …………………………………………………… 117
　　　3.1.6 财务报表 …………………………………………………… 127
　3.2 业务循环审计案例 ……………………………………………… 136
　　　3.2.1 销售与收款循环审计案例 …………………………………… 136

项目 4　信息化审计终结 …………………………………………… 152

参考文献 ……………………………………………………………… 159

项目 1　审计信息化认知

现在的商业环境越来越复杂，变化越来越快，产生的业务模式外延带来的会计处理也越来越复杂，但电子大数据为信息化审计提供了便利条件。审计人员应对审计信息化的基本概念和审计信息化发展的应用情况有一个基本认识，才能构建审计信息化的基本工作任务流程，从而将信息化手段应用到实际审计工作中去。

【学习目标】
（1）从手工审计出发掌握审计信息化的基本概念。
（2）了解审计信息化的发展现状。
（3）明确审计自动化的必然性。
（4）了解目前我国审计软件的研发及应用情况。

1.1　审计信息化概念认知

随着经济的发展和社会的进步，审计的职能早已超越了查账的范畴，关于审计信息化的概念众说纷纭，人们需要结合时代发展的情况概括出审计信息化的基本概念，并在概括的过程中思考审计信息化的必要性，为审计信息化的发展奠定理论基础。

【任务提出】
随着我国会计信息化工作的不断开展，会计信息化的普及已经达到了一定的规模，其他领域信息化的成果也十分显著。电子数据取代了传统的纸质凭证、账簿和报表，使一些传统的审计人员在开展审计业务时不断遭遇"进不了门、打不开账"的严重自信危机，因此，如何将手工（手动）审计向信息化转变？这已成为一个划时代的课题，那么，到底什么是审计信息化呢？

【任务实施】

1.1.1　审计信息化的含义

随着计算机的普及、网络的发展、信息系统的广泛使用，审计环境越来越复杂。而电子政务风的刮起，使电子商务越来越普遍，越来越多的交易通过网络直接完成，这就使传统的审计方法已经不能满足审计工作的需要。审计作为经济权责结构中的主要组成部分之一，要紧跟时代潮流，与其他行业的信息化统一匹配，从而更利于审计工作的开展。在2004年度中国信息主管和IT财富年会上，审计署审计长李金华先生荣获了2004年"推进中国信息化进程突出贡献奖"，同时随着国家信息化领导小组在《关于我国电子政务建设指导意见》中确定的"十二金"工程的启动实施，更是把信息化建设推向了一个新的高潮，它从侧面反映了现代审计信息化建设工程备受瞩目。一直以来，许多人都对现代审计信息化建设的认识存在误区，我们周围有很多人把对审计信息化的认识停留在计算机的应用阶段，认为在审计工作中贯彻使用了计算机，就是实现了审计的信息化建设。其实计算机的应用只是基础，把信息化的思想贯穿到每一个审计人员乃至每一个财会人员的脑中，使其抛开旧有的审计方法、模式，运用计算机技术，通过互联网对企业的财务成果和经营活动进行在线实时的远程审计和实时监控，从质上改变审计人员的工作方式，把审计人员从繁杂重复的数据记录、整理、分析中解救出来，极大地提高审计工作效率，并从根本上提高审计质量，这才是现代审计信息化建设的思想。

审计作为一种监督机制，其实践活动历史悠久，但人们对审计的定义却众说纷纭。公认具有代表性且被人们广泛引用的是美国会计学会1972年在其颁布的《基本审计概念公告》中给出的审计定义，即"审计是指为了查明有关经济活动和经济现象的认定与所制定标准之间的一致程度，而客观地收集和评估证据，并将结果传递给有利害关系的使用者的系统过程。"而理解审计信息化则需要在传统审计的基础上进行。

审计信息化是指在被审计对象运行各自业务的过程中，审计部门及其审计人员为了实现其监督、评价、保证的审计目标，全面收集必要的审计证据，通过合理必要的审计程序，充分利用企业信息系统以及网络生成的财务、业务运营信息，对企业运营的合规性、有效性、效率性进行审计的工作。为有效履行企业审计部门的监督职责，充分发挥预警、避险等审计职能，完全适应社会经济发展步伐和企业信息化管理水平，必须加快培养能够胜任信息化审计工作的审计队伍，全面提升审计部门的工作能力，以便更好地服务于企业的转型升级和有效运营，从而促进企业发展目标的实现。

对于现代企业而言，随着计算机信息化管理技术的推广普及，企业日常管理工作的信息量已经进入海量级别。而审计工作的第一步就是对各种信息进行识别，但对海量级别的信息和数据，传统的审计技术已无法胜任，在审计对象的紧逼下，审计工作信息化已成大势所趋，否则，审计人员将无法开展工作，审计工作的设定目标也无法实现，审计工作的监督作用更无法发挥。因此，如何充分有效地利用现代信息技术提升审计工作的技术水平，促进审计职能的全面履行，已成为企业内部审计工作发展的迫切需要。

1.1.2 审计信息化的必要性

在我国，"审计"一词最早见于宋代的《宋史》。从词义上解释，"审"为审查，"计"为会计账目，审计就是审查会计账目。"审计"一词的英文单词为"Audit"，被注释为"查账"，兼有"旁听"的含义。由此可见，早期的审计就是审查会计账目，与会计账目密切相关。审计发展至今，早已超越了查账的范畴，涉及对各项工作的经济性、效率性和效果性的核查。传统手工审计的取证模式也逐渐从账目基础审计发展到制度基础审计再发展到风险基础审计，审计取证的切入点从反映经济业务的纸质账目演变为内部控制制度再演变为内部控制制度与风险因素，审计对象从一个纸质账目系统变为内部控制制度系统与纸质账目系统两个系统，审计的核心方法也从详查法发展为测试法；而测试法的大量运用，使审计方法发生了实质性的变化，使其最终脱离了簿记方法，产生了真正意义上的审计方法，并使"簿记审计"转变为"测试审计"，使审计逐步脱离"审计就是查账"的概念。

随着计算机和互联网的普及和应用，信息化成为当今世界经济和社会发展的大趋势，信息技术正在以前所未有的速度渗透到社会的各个领域。在这种环境下，国家机关、企事业单位的经营管理很多实现了自动化和网络化，很多经济业务也由于电子商务的发展改变了交易方式，使得审计的对象、范围、线索等发生了变化，这给审计工作带来了新的挑战。审计要适应这种变化，就要利用现代信息技术手段，实现审计的信息化。现代的审计信息化是以审计信息资源开发利用为核心，将计算机技术、网络通信技术、数据管理技术等应用于审计工作中。审计信息化建设包括信息基础设施建设、信息人才培养及完善法律法规等方面。

一、客观环境的变化促使审计实现信息化

随着信息技术的不断升级，各行各业的信息化建设也迅猛发展，使得审计的客观环境发生了很大变化，审计的对象和范围扩大并且更加复杂，审计的难度也在增大。

就审计对象的变化举例来说，在网络信息经济时代，审计对象扩展到电子商务。电子商务以其低成本、高效率等特征吸引着大多数企业，企业纷纷建立自己的网站，进行网上交易、支付结算，并使企业信息网络化。另外，以电子商务为基础形成的各种虚拟企业，构成了网络经济中经营主体的一部分。因此，网上交易审计、网上支付审计、虚拟企业的审计便构成电子商务审计的具体内容。

此外，审计范围在信息环境之下也扩大了。如在信息化环境之下，审计的范围不能仅局限在传统手工审计的内容上，审计师还要花费更多的精力研究和测试系统在程序设计、数据录入和数据输出等方面的控制功能，验证其能否充分有效地防止或发现和更正各种差错，消除弊端。

二、审计信息化是提高审计效率、降低审计风险的要求

李金华曾经说过："要提高审计工作的科技含量，就要把信息化建设、把计算机的推广应用，看成是我们提高审计效率、改善审计手段、提高审计质量、降低审计成本、加强廉政建设的一个重要途径。"

利用计算机辅助审计，一方面，可以借助计算机对数据进行高速、精确的运算处理，提高审计的正确性和准确性；另一方面，可以使用审计软件对被审计单位的电子化会计信息进行审计，减轻审计人员的工作强度，提高审计效率。计算机辅助审计可以凭借计算机具有的逻辑判断功能、分析汇总等功能使审计程序的选择和实施更加科学和恰当，丰富审计手段、提高审计效率、降低审计风险。另外，利用计算机辅助审计，通过互联网可以实现数据、资源的共享，可以使现场审计与非现场审计相结合，使审计跨越空间的距离，有利于审计人员进行全面、迅速、经济有效的分析。

三、审计信息化是实现与国际接轨的需要

国外一些发达国家的审计信息化早于我国，如美国注册会计师协会和加拿大特许会计师协会在 1997 年就开始提供电子交易网站的审计；意大利在 1975 年就着手建立了联网系统，已成功地实施了联网实时审计，极大地提高了审计效率。

这种差距引起了我国政府和审计界的高度重视，随着信息技术的高速发展以及经济环境的变化，我国的审计信息化建设也要经历高速发展时期，才能适应审计的发展需要，实现审计技术的创新。

1.2 审计信息化发展认知

审计信息化是审计技术创新的最重要方面，我国开发了适用于我国审计环境下的审计应用软件，比如审计署开发的 AO 系统，在国家审计发展的引领下，大型软件公司开始开发审计应用软件，审计信息化得到了快速发展。

【任务提出】

会计的电算化和信息管理系统的发展引发了审计自动化的历史性革命，审计自动化、信息化之后，要利用计算机、网络等手段提高审计效率，目前可采用的自动化审计手段是我们必须了解的内容。只有了解现行手段，才能够有选择地采用，高效地完成审计工作。审计信息化的一个最重要手段就是审计软件的应用，在国外，特别是欧美等发达国家，在计算机联网审计方面起步较早，意大利早在 1975 年就已经建立了联通意大利审计法院和财政部的共享网络；数据库、信息管理系统技术在美国、德国等国家也发展迅速。那么，我国审计信息化的历史和现状如何呢？

【任务实施】

1.2.1 审计信息化的发展历程

面对形势发展变化带来的挑战和机遇，审计署于 1998 年提出审计信息化建设的意见，当时的审计署审计长李金华向全国各级审计机关郑重提出："审计人员不掌握计算机技术，将失去审计的资格。"之后，又陆续提出，审计机关的领导干部不掌握信息技术，将失去指挥的资格。随后，审计署做出了建设审计信息化工程（金审工程）的战略决策，开始了我国的审计信息化建设。2005 年 11 月，金审工程一期项目通过国家验收。《审计署 2006—2010 年审计工作发展规划》指出，结合"十一五"规划，审计署在接下来的几年中积极推进金审工程二期和三期建设，完成全国审计信息网络中心、数据中心、中央和省级审计机关网络互联系统、信息安全保障系统的建设。金审工程建设为审计方式的转变创造了良好的软硬件条件。广大审计人员在审计署的领导和组织下，开拓创新，积极探索在信息化环境下崭新的审计方式。从开始使用 Excel 表格、Access 小型数据库软件到 SQL Server 等大型数据库软件的推广，再到查询分析技术、多维分析技术的应用，以及系统论思想在审计实践中的树立，中国审计人员在审计方式创新的道路上不断探索前进，审计领域的信息化水平有了很大提高。目前，金融、财政、海关、税务等部门，民航、铁道、电力、石化等关系

国计民生的重要行业开始广泛运用信息技术进行管理，政府机关、企事业单位逐步实现了利用计算机技术手段进行会计信息处理来代替过去的手工记账。现代信息技术在被审计单位经营管理和会计核算中的应用，极大地提高了被审计单位的工作效率和管理水平，同时也改变了审计人员所熟悉的工作环境。在这种新形势下，过去那种以审查纸质账簿凭证为基本手段的传统审计方式显然已不能适应形势发展的需要，审计面临着重大挑战，必须加强审计信息化建设，创新审计方式，政府审计机关才能胜任和履行自己的职责。

目前国家不仅仅关注政府审计信息化，还重视社会审计的信息化。比如，《财政部 国家税务总局关于鼓励软件产业和集成电路产业发展有关税收政策问题的通知》为审计软件提供了税收优惠;《中华人民共和国国家审计准则》第76条对信息系统的有效性、安全性进行了规定。2012年7月，当时的审计署审计长刘家义在全国审计工作座谈会上做了题为《加快审计信息化建设步伐，全面提升审计能力和技术水平》的讲话，认为不发展信息化审计事业，就没有出路。

在国家审计发展的引领下，社会审计获得了指明灯。大型软件公司开始开发审计应用软件，比如审易、审计大师、金剑、中普，等等，还有一些企业利用已有的软件（比如Excel）自行创建审计模板，审计信息化在我国得到了广泛而又迅速的发展。

审计信息化的发展离不开管理理论和信息技术的发展。信息系统管理理论为审计信息化提供了理论支持，使审计工作更好地与管理系统本身相结合。信息技术发展是多方位的，比如数据库技术、语言技术、网络技术、单机硬件、操作系统，等等，尤其是语言技术，沪深两市已经将XBRL语言用于上市公司财务报告的披露，同HTML语言一起用，并大有取代HTML语言的趋势。XBRL语言具有使会计信息一次输入、多次重复利用以及多角度分析等效果，减少了审计工作中数据转换和取证等环节的工作量，为审计工作提供了便利。

1.2.2 审计信息化的软件应用

一、审计软件的分类

审计软件可分为四种类型：现场作业软件（即审计作业软件）、法规软件、专用审计软件和审计管理软件。审计软件是审计工作的主流，是审计工作的主要工具，审计软件的发展水平代表着审计信息化的发展水平。

（一）现场作业软件

现场作业软件是指审计人员在审计一线进行审计作业时应用的软件，如审易软件，它主要具有以下功能：

（1）能处理会计电子数据。

（2）能运用审计工具对会计电子数据进行审计分析，包括查账、查询、图表分析等。

（3）能在工作底稿制作平台（以下简称平台）制作生成审计工作底稿，平台内有各种取数公式，像单格取数、列取数、行取数、报表取数等，并且有像Excel那样的工具为审计人员提供平台操作服务，且可以保存、修改、删除工作底稿。

（二）法规软件

法规软件主要是为审计人员提供一种咨询服务，在浩瀚如海的各种财经法规中找出审计人员需要的法规条目及内容。它应具有如下功能：

（1）常规查询，包括审计法规条目的查询、发文单位的时间段查询。

（2）要有一定的数据量，成熟的软件应有上千万字的法规内容，检索速度要快。

（3）应具有按内容查询的功能，这也是法规软件能否适用的主要标准，如果没有按内容检索的功能，这个法规的适用面将受到很大限制，例如审计人员要查关于"小金库"的相关规定，法规软件应能快速地将涉及"小金库"规定的法规查找出来，将内容以篇的形式提供给审计人员。

（三）专用审计软件

专用审计软件是指为完成特殊的审计目的而专门设计的审计软件，像基建审计软件，基建审计软件有很强的特殊性，主要是因为它的工作性质有两点：

（1）涉及大量的基建图纸。

（2）要有基建定额库来作参照，实际上，基建审计软件用市面上的定额核定软件就能实现，所以我们把这类软件归为专用审计软件。

（四）审计管理软件

审计统计软件、审计计划软件、审计管理软件等统称审计管理软件。审计统计软件是指将审计工作成果统计上报、汇总的软件。审计计划软件、审计管理软件都是可以在这方面专门工作的小软件，实际上，审计管理软件可以看作是审计作业软件的延伸，审计作业软件完全可以把这些管理功能承担起来，容纳到审计作业软件中，所以，审计软件的代表软件应该是审计作业软件。金审工程一期成果——现场审计管理系统（OA）软件就属于审计管理软件。

二、我国审计软件简介

（一）中普审计软件

中普审计软件（以下简称中普或中普软件）由北京中普审计软件公司研发。

1. 中普审计软件产品

中普审计软件产品如图1-1所示。

▷中普审计-内审版　　　　▷中普-税务稽查版
▷中普审计-事务所版　　　▷中普-审计教学版
▷中普审计-高校内审版　　▷中普-税务稽查教学版
▷中普审计-行政事业版　　▷中普-联网审计系统

图1-1　中普审计软件产品

2. 中普审计软件的解决方案

中普审计软件的解决方案如表1-1所示。

表1-1　中普审计软件的解决方案

解决方案	具体内容
企业内审解决方案	审计作业系统、审计管理主系统、预警监控主系统
高校内审解决方案	审计作业系统、审计管理主系统
政府审计解决方案	审计管理系统和计算机辅助审计作业系统（外勤和联网）
税务稽查解决方案	稽查数据采集、稽查数据转换、数据中心分析、报告

续表

解决方案	具体内容
审计教学解决方案	数据采集与转换、审计实务、审计流程、审计实训在线考试
税务稽查教学方案	财务与税务数据采集与转换、税务稽查教学、税务稽查考试
事务所解决方案	数据采集与转换、审计查证与分析、审计风险评估、审计管理
其他方案	煤炭、钢铁、交通、烟草、电子行业解决方案

（二）用友审易软件

用友审易软件（以下简称用友或审易）由北京用友软件股份有限公司研发。

1. 用友软件产品

用友软件产品如表1-2所示。

表1-2　用友软件产品

产品名称	具体内容
用友审计作业系统	标准版、企业版、高校实验室版、行政事业单位版、事务所版、农村专版
用友审计管理系统	审计资源、相关管理、绩效考核
用友数字化税务查账系统	数据采集、发现疑点、纳税审核、稽查结果
用友财政监督检查系统	项目管理与信息支持、数据准备、检查实施、底稿与结果
用友联网审计系统	数据管理中心、分析检测中心、成果利用中心

2. 用友典型用户

用友典型用户如表1-3所示。

表1-3　用友典型用户

用户类别	典型用户
政府审计	河南省审计厅、杭州市审计局、北京市西城审计局、北京燕山审计局、上海闵行审计局……
内部审计	中国航天科工集团公司、中国冶金科工集团公司、中国银联、中国人寿保险（集团）公司、中国大地财产保险股份有限公司、上海市烟草专卖局、浙江省公安厅……
高校用户	清华大学、西安交通大学、武汉大学、山东大学、兰州商学院、黑龙江工程学院、九州职业技术学院、云南能源职业技术学院、浙江经济职业技术学院……
其他用户	国资委、房地产建筑行业、新闻出版企业……

（三）其他审计软件

其他审计软件如表1-4所示。

表1-4　审计软件

软件名称	软件简介
通审2000审计软件	现在主要开发税务软件，如深圳国税申报系统
审计之星审计软件	中审博大，从原社会审计版转成偏向内部审计
金剑审计软件	主要针对内部审计

续表

软件名称	软件简介
中软 AO	针对政府审计
昂卓 ECPA	针对社会审计
审计大师	针对社会审计
Excel 模板	利用 Excel 功能，开发统一使用的审计模板
……	……

（四）金审工程成果

金审工程是中国国家审计信息化建设项目的简称，对外交流的英文名称为 China's Golden Auditing Project。中国国家审计信息系统对外交流的英文名称为 Government Audit Information System，简称 GAIS。

根据审计业务和管理的需要，我国规划了审计管理系统和审计实施系统两大系统。

审计管理系统是审计机关管理审计业务和行政办公的信息系统，对外交流英文名称沿用 Office Automation，简称 OA 系统。审计管理系统具有审计业务支撑、审计办公管理、领导决策支持、审计信息共享等管理内容和技术功能，以审计计划项目信息为先导，对审计项目信息的采集、结果反馈、业务指导、公文流转、审计决策等各环节进行全面管理和技术支持，形成审计业务、管理、决策的一体化。

审计实施系统是审计机关利用计算机技术开展审计项目的信息系统。根据审计实施方式的不同，审计实施系统规划为现场审计实施系统和联网审计实施系统两大部分。

现场审计实施系统是审计人员实施就地审计方式的信息系统，对外交流名称为审计师办公室，英文名称为 Auditor Office，简称 AO 系统。现场审计实施系统的业务功能规划为可以提供对财政、行政事业、固定资产投资、农业与资源环保、社会保障、外资运用、金融、企业和领导干部经济责任等审计项目的专业审计功能技术支持和扩展；其技术功能规划为数据采集、数据转换、审计抽样、审计分析、审计取证、审计工作底稿编制、审计报告和统计汇总、审计项目质量控制、审计信息交互共享等技术功能的支持和扩展。

联网审计实施系统是审计机关实施联网审计的信息系统，对外交流英文名称为 On-Line Auditing，简称 OLA 系统。联网审计实施系统是对需要经常性审计且关系国计民生的重要部门和行业实施"预算跟踪＋联网核查"模式的计算机审计系统。

◆ 项目测试 ◆

一、不定项选择

1. 按审计主体不同，审计分类不包括（　　）。
   A. 政府审计　　　　B. 内部审计　　　　C. 法定审计　　　　D. 社会审计
2. 审易软件采用的审计方法有（　　）。
   A. 比较分析法　　　B. 抽样　　　　　　C. 审阅法　　　　　D. 函证
3. 按审计目的和内容可将审计分为（　　）。
   A. 财务收支审计　　　　　　　　　　　B. 经济责任审计

　　　　C. 专项审计及调查　　　　　　　　D. 经济效益审计
　4. 审计信息化软件可能依托的技术有（　　）。
　　　　A. 数据库技术　　　B. 微软办公技术　　C. 操作系统　　　D. 加密狗
　5. 在审计作业中，计算机可能有的不同状态包括（　　）。
　　　　A. 同时作为服务器和客户端　　　　　B. 作为网络服务器
　　　　C. 作为网络客户端　　　　　　　　　D. 单机独立作业

二、简答
　　1. 什么是审计信息化？
　　2. 审计软件分为哪几类？
　　3. 我国都有哪些审计软件？

项目 2　信息化审计准备

2020年1月10日，华天钢铁有限责任公司（以下简称华天有限责任公司、华天公司、华天钢铁或华天都指此公司）委托信合会计师事务所对其2019年12月财务报表进行审计，在此之前，华天公司的年报审计一直由万达会计师事务所完成。信合会计师事务所组成了审计项目小组（以下简称项目组或审计组），针对华天公司委托的业务，与华天公司进行了沟通、评价，并签订了审计业务约定书。项目组在审易系统中进行了系统基础设置，建立了华天公司2019年度审计项目，并对项目进行了管理维护，将华天公司财务数据导入审计项目中，做好了审计前的工作底稿。

【学习目标】

（1）理解数据导入、数据转换、工作底稿等信息化审计准备阶段的基本概念；
（2）掌握信息化审计准备的主要工作流程；
（3）能够完成审易系统基础设置；
（4）会建立和管理审计项目；
（5）能做好准备阶段的工作底稿编辑工作；
（6）具备一定的沟通协调能力；
（7）具备一定的创新设计能力。

【项目素材示例】

项目素材如表2-1~表2-3所示。

表2-1　华天资产负债表

资产负债表

编制单位：华天有限责任公司　　　　2019年12月31日　　　　会企01表　单位：元

资产	行次	期末余额	期初余额	负债和所有者权益（或股东权益）	行次	期末余额	期初余额
流动资产：				流动负债：			
货币资金	1	6 100 833.43	1 526 790.00	短期借款	32	5 350 000.00	5 350 000.00
交易性金融资产	2	120 000.00	120 000.00	交易性金融负债	33		

续表

资产	行次	期末余额	期初余额	负债和所有者权益（或股东权益）	行次	期末余额	期初余额
应收票据	3	2 449 520.00	450 000.00	应付票据	34	1 913 720.00	116 000.00
应收账款	4	1 906 631.55	861 492.60	应付账款	35	7 890 111.20	7 854 500.00
预付款项	5	231 350.00	3 100 000.00	预收账款	36	4 289 700.00	4 289 700.00
应收利息	6		50 000.00	应付职工薪酬	37	2 568 623.18	2 680 000.00
应收股利	7			应交税费	38	7 126 995.03	283 025.00
其他应收款	8	26 215.00	23 500.00	应付利息	39	−4 450.00	
存货	9	26 042 542.42	25 598 368.00	应付股利	40	1 151 742.04	
一年内到期的非流动资产	10			其他应付款	41	444 850.00	342 000.00
其他流动资产	11			一年内到期的非流动负债	42		
流动资产合计	12	36 927 092.40	31 680 150.60	其他流动负债	43		
非流动资产：				流动负债合计	44	30 731 291.45	20 915 225.00
债权投资	13	701 600.00	2 000 000.00	非流动负债：			
债权投资减值准备	14	−5 000.00		长期借款	45	7 018 490	3 956 000
长期股权投资	15	480 000.00	180 000.00	应付债券	46	1 050 000	1 022 000
投资性房地产	16			长期应付款	47	1 255 875.00	
固定资产	17	20 969 996.10	20 616 000.00	专项应付款	48		
在建工程	18	2 099 884.44	820 000.00	预计负债	49	260 000.00	
工程物资	19	40 000.00	40 000.00	递延所得税负债	50		
固定资产清理	20			其他非流动负债	51		
生产性生物资产	21			非流动负债合计	52	9 584 365	4 978 000
油气资产	22			负债合计	53	40 315 656.45	25 893 225
无形资产	23	251 453.33	228 000.00	所有者权益（或股东权益）：			
开发支出	24			实收资本	54	5 000 000.00	5 000 000.00
商誉	25			资本公积	55	1 100 000.00	1 100 000.00
长期待摊费用	26	84 766.67	53 000.00	减：库存股	56		
递延所得税资产	27			盈余公积	57	9 003 389.26	6 664 249.13
待处理财产损溢	28	−719.67		未分配利润	58	6 130 027.56	16 959 676.47
其他非流动资产	29			所有者权益（或股东权益）合计	59	21 233 416.82	29 723 925.60
非流动资产合计	30	24 621 980.87	23 937 000				
资产总计	31	61 549 073.27	55 617 150.6	负债和所有者权益（或股东权益）总计	60	61 549 073.27	55 617 150.60

表 2-2 华天利润表

利润表

会企 02 表

编制单位：华天有限责任公司　　2019 年 12 月 31 日　　单位：元

项目	行数	本期金额	本年累计
一、营业收入	1	7 057 800.00	73 220 100
减：营业成本	2	6 008 847.00	45 354 682.03
税金及附加	3	30 984.30	11 034 177.2
销售费用	4	109 875.00	537 875
管理费用	5	224 116.47	5 854 116.47
财务费用	6	135 365.87	6 925 365.87
资产减值损失	7	154 641.05	154 641.05
加：公允价值变动收益（损失以"-"号填列）	8		
投资收益（损失以"-"号填列）	9	130 000.00	9 190 000
其中：对联营企业和合营企业的投资收益	10		
二、营业利润（亏损以"-"号填列）	11	523 970.31	12 549 242.38
加：营业外收入	12	13 450.00	966 063.5
减：营业外支出	13	331 548.11	849 757.21
其中：非流动资产处置损失	14		
三、利润总额（亏损总额以"-"号填列）	15	205 872.20	12 665 548.67
减：所得税费用	16	6 629 356.26	6 629 356.26
四、净利润（净亏损以"-"号填列）	17	-6 423 484.06	6 036 192.41
五、每股收益：	18		
（一）基本每股收益	19		
（二）稀释每股收益	20		

表 2-3 华天 12 月余额表

科目编码	科目名称	期初借方	期初贷方	本期发生借方	本期发生贷方	期末借方	期末贷方
1001	库存现金	16 000	0	156 500	156 350	16 150	0
1002	银行存款	1 490 790	0	8 426 149.13	4 002 255.7	5 914 683.43	0
1012	其他货币资金	20 000	0	150 000	0	170 000	0
1101	交易性金融资产	120 000	0	0	0	120 000	0
1121	应收票据	450 000	0	2 088 520	89 000	2 449 520	0
1122	应收账款	958 000	0	3 294 530	2 123 750	2 128 780	0
1123	预付账款	3 100 000	0	0	2 868 650	231 350	0
1132	应收利息	0	0	50 000	0	50 000	0
1221	其他应收款	23 500	0	6 215	3 500	26 215	0

续表

科目编码	科目名称	期初借方	期初贷方	本期发生借方	本期发生贷方	期末借方	期末贷方
1231	坏账准备	0	96 507.4	43 000	168 641.05	0	222 148.45
1401	材料采购	197 400	0	4 368 620	4 553 020	13 000	0
1403	原材料	14 598 150	0	4 505 339	12 976 300	6 127 189	0
1404	材料成本差异	469 670	0	50 614.05	374 531.81	145 752.24	0
1405	库存商品	5 247 000	0	17 720 020	4 231 000	18 736 020	0
1406	发出商品	124 000	0	1 360 000	1 236 000	248 000	0
1408	委托加工物资	30 000	0	69 400	69 400	30 000	0
1409	自制半成品	910 400	0	518 336	517 600	911 136	0
1411	周转材料	87 500	0	0	62 858	24 642	0
1471	存货跌价准备	0	131 400	0	0	0	131 400
1505	债权投资	2 000 000	0	301 600	1 600 000	701 600	0
1506	债权投资减值准备	0	0	0	5 000	0	5 000
1511	长期股权投资	300 000	0	300 000	0	600 000	0
1512	长期股权投资减值准备	0	120 000	0	0	0	120 000
1601	固定资产	70 670 000	0	1 650 000	16 000	72 304 000	0
1602	累计折旧	0	48 796 000	15 000	1 295 003.9	0	50 076 003.9
1603	固定资产减值准备	0	1 258 000	0	0	0	1 258 000
1604	在建工程	820 000	0	1 279 884.44	0	2 099 884.44	0
1605	工程物资	40 000	0	45 630	45 630	40 000	0
1606	固定资产清理	0	0	2 000	2 000	0	0
1701	无形资产	228 000	0	26 800	0	254 800	0
1702	累计摊销	0	0	0	2 346.67	0	2 346.67
1703	无形资产减值准备	0	0	0	1 000	0	1 000
1801	长期待摊费用	53 000	0	40 600	8 833.33	84 766.67	0
1901	待处理财产损溢	0	0	26 530.68	27 250.35	0	719.67
资产小计		101 953 410	50 401 907.4	46 495 288.3	36 435 920.81	113 427 488.8	51 816 618.69
2001	短期借款	0	5 350 000	0	0	0	5 350 000
2201	应付票据	0	116 000	0	1 797 720	0	1 913 720
2202	应付账款	0	7 854 500	1 511 870.8	1 547 482	0	7 890 111.2
2203	预收账款	0	4 289 700	0	0	0	4 289 700
2211	应付职工薪酬	0	2 680 000	1 096 836.4	985 459.58	0	2 568 623.18
2221	应交税费	0	283 025	888 498.7	7 732 468.73	0	7 126 995.03

续表

科目编码	科目名称	期初借方	期初贷方	本期发生借方	本期发生贷方	期末借方	期末贷方
2231	应付利息	0	0	31 200	26 750	4 450	0
2232	应付股利	0	0	0	1 151 742.04	0	1 151 742.04
2241	其他应付款	0	342 000	1 350	104 200	0	444 850
2501	长期借款	0	3 956 000	0	3 062 490	0	7 018 490
2502	应付债券	0	1 022 000	0	28 000	0	1 050 000
2701	长期应付款	0	0	0	1 500 000	0	1 500 000
2702	未确认融资费用	0	0	251 100	6 975	244 125	0
2801	预计负债	0	0	0	260 000	0	260 000
负债小计		0	25 893 225	3 780 855.9	18 203 287.35	248 575	40 564 231.45
4001	实收资本	0	5 000 000	0	0	0	5 000 000
4002	资本公积	0	1 100 000	0	0	0	1 100 000
4101	盈余公积	0	6 664 249.13	0	2 339 140.13	0	9 003 389.26
4104	利润分配	0	16 959 676.47	7 952 047.02	-2 877 601.89	0	6 130 027.56
权益小计		0	29 723 925.6	7 952 047.02	-538 461.76	0	21 233 416.82
5001	生产成本	4 065 648	0	14 529 374.58	18 656 819.4	0	61 796.82
5101	制造费用	0	0	1 435 298.28	1 435 298.28	0	0
成本小计		4 065 648	0	15 964 672.86	20 092 117.68	0	61 796.82
6001	主营业务收入	0	0	5 285 000	5 285 000	0	0
6051	其他业务收入	0	0	1 772 800	1 772 800	0	0
6111	投资收益	0	0	130 000	130 000	0	0
6301	营业外收入	0	0	13 450	13 450	0	0
6401	主营业务成本	0	0	4 536 000	4 536 000	0	0
6402	其他业务成本	0	0	1 472 847	1 472 847	0	0
6403	税金及附加	0	0	30 984.3	30 984.3	0	0
6601	销售费用	0	0	109 875	109 875	0	0
6602	管理费用	0	0	224 116.47	224 116.47	0	0
6603	财务费用	0	0	135 365.87	135 365.87	0	0
6701	资产减值损失	0	0	154 641.05	154 641.05	0	0
6711	营业外支出	0	0	331 548.11	331 548.11	0	0
6801	所得税费用	0	0	6 629 356.26	6 629 356.26	0	0
6901	以前年度损溢调整	0	0	258 282.68	258 282.68	0	0
损益小计		0	0	21 084 266.74	21 084 266.74	0	0
合计		106 019 058	106 019 058	95 277 130.82	95 277 130.82	113 676 063.8	113 676 063.8

项目 2　信息化审计准备

【项目成果示例】

项目成果如图 2-1、图 2-2 和表 2-4 所示。

图 2-1　华天项目小组

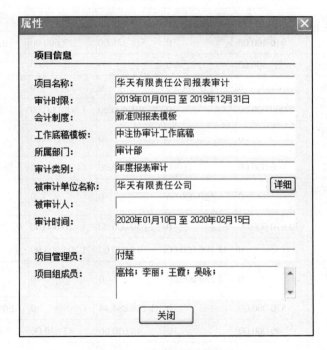

图 2-2　华天审计项目表

表 2-4　数据准备之余额表

科目编号	科目名称	期初|借方	期初|贷方	发生额|借方	发生额|贷方	期末|借方	期末|贷方
1001	库存现金	16 000.00	0	156 500.00	156 350.00	16 150.00	0
1002	银行存款	1 490 790.00	0	8 426 149.13	4 002 255.70	5 914 683.43	0
1012	其他货币资金	20 000.00	0	150 000.00	0	170 000.00	0
1101	交易性金融资产	120 000.00	0	0	0	120 000.00	0
1121	应收票据	450 000.00	0	2 088 520.00	89 000.00	2 449 520.00	0

续表

科目编号	科目名称	期初|借方	期初|贷方	发生额|借方	发生额|贷方	期末|借方	期末|贷方
1122	应收账款	958 000.00	0	3 294 530.00	2 123 750.00	2 128 780.00	0
1123	预付账款	3 100 000.00	0	0	2 868 650.00	231 350.00	0
1132	应收利息	0	0	50 000.00	0	50 000.00	0
1221	其他应收款	23 500.00	0	6 215.00	3 500.00	26 215.00	0
1231	坏账准备	0	96 507.40	43 000.00	168 641.05	0	222 148.45
1401	材料采购	197 400.00	0	4 368 620.00	4 553 020.00	13 000.00	0
1403	原材料	14 598 150.00	0	4 505 339.00	12 976 300.00	6 127 189.00	0
1404	材料成本差异	469 670.00	0	50 614.05	374 531.81	145 752.24	0
1405	库存商品	5 247 000.00	0	17 720 020.00	4 231 000.00	18 736 020.00	0
1406	发出商品	124 000.00	0	1 360 000.00	1 236 000.00	248 000.00	0
1408	委托加工物资	30 000.00	0	69 400.00	69 400.00	30 000.00	0
1409	自制半成品	910 400.00	0	518 336.00	517 600.00	911 136.00	0
1411	周转材料	87 500.00	0	0	62 858.00	24 642.00	0
1471	存货跌价准备	0	131 400.00	0	0	0	131 400.00
1505	债权投资	2 000 000.00	0	301 600.00	1 600 000.00	701 600.00	0
1506	债权投资减值准备	0	0	0	5 000.00	0	5 000.00
1511	长期股权投资	300 000.00	0	300 000.00	0	600 000.00	0
1512	长期股权投资减值准备	0	120 000.00	0	0	0	120 000.00
1601	固定资产	70 670 000.00	0	1 650 000.00	16 000.00	72 304 000.00	0
1602	累计折旧	0	48 796 000.00	15 000.00	1 295 003.90	0	50 076 003.90
1603	固定资产减值准备	0	1 258 000.00	0	0	0	1 258 000.00
1604	在建工程	820 000.00	0	1 279 884.44	0	2 099 884.44	0
1605	工程物资	40 000.00	0	45 630.00	45 630.00	40 000.00	0
1606	固定资产清理	0	0	2 000.00	2 000.00	0	0
1701	无形资产	228 000.00	0	26 800.00	0	254 800.00	0
1702	累计摊销	0	0	0	2 346.67	0	2 346.67
1703	无形资产减值准备	0	0	0	1 000.00	0	1 000.00
1801	长期待摊费用	53 000.00	0	40 600.00	8 833.33	84 766.67	0
1901	待处理财产损溢	0	0	26 530.68	27 250.35	0	719.67
2001	短期借款	0	5 350 000.00	0	0	0	5 350 000.00
2201	应付票据	0	116 000.00	0	1 797 720.00	0	1 913 720.00
2202	应付账款	0	7 854 500.00	1 511 870.80	1 547 482.00	0	7 890 111.20

续表

科目编号	科目名称	期初|借方	期初|贷方	发生额|借方	发生额|贷方	期末|借方	期末|贷方
2203	预收账款	0	4 289 700.00	0	0	0	4 289 700.00
2211	应付职工薪酬	0	2 680 000.00	1 096 836.40	985 459.58	0	2 568 623.18
2221	应交税费	0	283 025.00	888 498.70	7 732 468.73	0	7 126 995.03
2231	应付利息	0	0	31 200.00	26 750.00	4 450.00	0
2232	应付股利	0	0	0	1 151 742.04	0	1 151 742.04
2241	其他应付款	0	342 000.00	1 350.00	104 200.00	0	444 850.00
2501	长期借款	0	3 956 000.00	0	3 062 490.00	0	7 018 490.00
2502	应付债券	0	1 022 000.00	0	28 000.00	0	1 050 000.00
2701	长期应付款	0	0	0	1 500 000.00	0	1 500 000.00
2702	未确认融资费用	0	0	251 100.00	6 975.00	244 125.00	0
2801	预计负债	0	0	0	260 000.00	0	260 000.00
4001	实收资本	0	5 000 000.00	0	0	0	5 000 000.00
4002	资本公积	0	1 100 000.00	0	0	0	1 100 000.00
4101	盈余公积	0	6 664 249.13	0	2 339 140.13	0	9 003 389.26
4104	利润分配	0	16 959 676.47	7 952 047.02	-2 877 601.89	0	6 130 027.56
5001	生产成本	4 065 648.00	0	14 529 374.58	18 656 819.40	61 796.82	
5101	制造费用	0	0	1 435 298.28	1 435 298.28	0	0
6001	主营业务收入	0	0	5 285 000.00	5 285 000.00	0	0
6051	其他业务收入	0	0	1 772 800.00	1 772 800.00	0	0
6111	投资收益	0	0	130 000.00	130 000.00	0	0
6301	营业外收入	0	0	13 450.00	13 450.00	0	0
6401	主营业务成本	0	0	4 536 000.00	4 536 000.00	0	0
6402	其他业务成本	0	0	1 472 847.00	1 472 847.00	0	0
6403	税金及附加	0	0	30 984.30	30 984.30	0	0
6601	销售费用	0	0	109 875.00	109 875.00	0	0
6602	管理费用	0	0	224 116.47	224 116.47	0	0
6603	财务费用	0	0	135 365.87	135 365.87	0	0
6701	资产减值损失	0	0	154 641.05	154 641.05	0	0
6711	营业外支出	0	0	331 548.11	331 548.11	0	0
6801	所得税费用	0	0	6 629 356.26	6 629 356.26	0	0
6901	以前年度损溢调整	0	0	258 282.68	258 282.68	0	0
合计		106 019 058.00	106 019 058.00	95 277 130.82	95 277 130.82	113 676 063.78	113 676 063.78

数据来源：科目余额表（学习版）

2.1 基础设置

基础设置任务是审计项目工作的起点,它包括系统基础设置和审计项目设置两个部分。之前的准备工作,涉及注册与登录、部门设置、系统角色设置、综合设置、操作日志、模板管理、系统帮助、项目建立与管理等内容,为后续的数据准备工作提供了系统存储位置、操作权限等前提条件。

【任务提出】

不同的审计分类具有不同的审计方法,但无论是哪种审计分类,都必须经过审计准备、实施、终结三个阶段。本项目任务主要针对民间审计展开,对华天公司年度报表进行业务循环审计,并将具体项目的审计准备工作用计算机辅助审计的形式表达出来,这是审计人员必须掌握的能力。请根据你对内部审计准备工作的理解,结合审计基本原理和工作流程,制定出具体的计算机审计准备工作过程和步骤,并将之转化到系统中去。

【任务实施】

单元活动一(2.2.1) 系统基础设置:审计立项前应该明确审计对象和任务、成立审计项目小组,并针对情况对审计软件进行基础设置。

单元活动二(2.2.2) 审计项目设置:可以新建项目,对审计项目小组成员进行任命,对审计项目小组成员的权限进行设定,可以对工作底稿的人员进行分工等,从而提高审计项目小组整体的工作效率。项目建立后,可以将审计准备底稿录入审计软件;在审计项目管理过程中,可以利用系统软件本身所带数据通过项目互导方式导入项目案例数据。

2.1.1 系统基础设置

一、活动描述

信合会计师事务所以审易软件为依托,根据背景资料,以系统管理员和项目管理员的身份登录注册系统,进行系统基础设置,完成系统初始化和审计项目建立前的准备工作。

(一)信合会计师事务所的部门

信合会计师事务所是根据国际惯例,按照国内现代化管理规定经××省财政局核准,经××省原工商行政管理局(市场监督管理局)注册登记设立,依法承办注册会计师业务,具有现代化管理体制的会计师事务所。该所由资深优秀注册会计师组建而成。该所下设综合事务部、质量监管部、验资部、审计部、评估部、基建审计部、注册代理部、会计业务代理部等部门。该所本着"以德立业、诚信为本"的经营理念,提供优质的验资、审计、资产评估、工商代理、代理记账、税务申报、内控设计、基建审计等业务。

请在系统中建立以下部门:

1. 审计部

审计部的主要业务有年度会计报表审计、内部审计(企业内控制度调查及评价)、专项审计[高新技术企业认定、专项资金申请、龙头企业认定、贷款审计、投标审计、各类资质认定申请类专项审计、公司改制、清产核资等业务以及企业收购、兼并、重组、清算审计、离任审计（任期经济责任审计）、工商年检审计]。

2. 会计业务代理部

代理各行业建账、记账、报税业务；日常财税咨询业务；企业出口退税申报业务；整理各种乱账、旧账业务；新三板、四板上市辅导业务；代理一般纳税人认定业务；常年财税顾问业务；税收筹划、风险控制业务；特定领域和其他事项税务咨询业务。

3. 综合事务部

负责人力资源管理、日常行政管理、党办、财务办等综合事务。

4. 质量监管部

质量监管部是信合会计师事务所主管风险管理和质量控制的综合职能部门。

（二）华天审计项目小组成员

1. 吴咏

执行事务合伙人、主任会计师，擅长企业 IPO（首次公开募股、上市）审计、年报审计、资产重组兼并收购审计及大型国企、央企、民企审计等业务；隶属于质量监管部，角色为普通用户，密码为空。

2. 李丽

高级会计师、注册会计师、会计、审计、税务和管理咨询专家，具有风险管理和质量控制、职业道德建设相关工作经验；隶属于审计部，是审计部经理，角色为普通用户，密码为空。

3. 付楚

注册会计师、注册税务师，具有丰富的会计报表审计、IPO 改制审计、税务、财务管理咨询经验以及良好的组织协调能力；隶属审计部，是项目经理，角色为项目管理员，密码为空。

4. 高铭

注册会计师、中级会计师，具有一定的会计报表审计经验；隶属于审计部，是审计员，角色为普通用户，密码为空。

5. 王霞

中级审计师，具有谦虚好学的精神以及踏实苦干、勤勉的工作态度；隶属审计部，是审计助理，角色为普通用户，密码为空。

二、单元目标

【知识目标】

（1）掌握用户管理的基本概念；

（2）掌握系统基础设置的基本流程；

（3）掌握系统基础设置的基本操作规范。

【技能目标】

（1）能够运用用友审易系统为信合会计师事务所完成部门设置工作；

（2）能够运用用友审易系统完成审计人员的创建和管理工作；

（3）能够运用用友审易系统进行系统的综合设置工作；

（4）会使用用友审易系统帮助功能解决审计过程中遇到的问题；
（5）会查看用友审易系统操作日志，协调工作进度。

【素质目标】
（1）培养学生组织流程的能力和设计创新的能力；
（2）培养学生谨慎务实的职业能力。

三、情景导入

同学们已经学习过审计基础理论，并参加了手工审计实训工作，对审计工作的基本理论、基本流程和工作手段有了一定的认识和经验积累。在信息化审计条件下，怎样将纸质表转换成电子表形式呢？信息化带给了大家哪些便利？大家是不是很想知道？下面大家开始在用友审易软件中完成系统基础设置。

四、操作要求

（一）登录系统

用系统管理员的身份登录系统，用用户的身份登录系统。

（二）部门设置

设置信合会计师事务所的相关部门。

（三）用户设置

设置审计项目小组成员并修改密码。

（四）其他设置

设置底稿复核、设置输入法、设置新建项目等。

五、知识链接

（一）支撑知识

1. 用户的角色

用户的角色只有两种：用户和系统管理员。用户分为项目管理员和普通用户。普通用户可以看到所有项目名称的列表，但不能打开非本人参与的项目；可以被项目管理员加入审计组并授权，也可以被系统管理员强制授予某个项目的项目管理权限。成员角色的概念以及角色之间的相互关系如下：

1）系统管理员

系统管理员可以定义多个，但同一时刻只允许一个系统管理员登录审易软件。系统管理员在系统设置上有绝对的权力，可以创建部门或用户，修改用户的属性或改变用户的角色。必要时，可以强制把项目的管理权力授权给任何一个用户。但系统管理员在被加入项目组之前，同样对任何项目都没有参与的权力（查阅、修改等）。

可以强制把任意一个或几个项目的管理权力分配给用户列表中的任何一个用户，也可以把用户列表中的任意一个或几个用户升级为系统管理员。但是系统管理员在没有被加入项目组之前，他对任何项目没有参与的权力（查阅、修改等）。其中admin为系统默认的系统管理员，此用户不能被删除，不能被改名，不能被降级为普通用户。

注意：系统管理员虽然可以被定义多个，但一般只有一个，而且在同一时刻只允许一个系统管理员登录。

2）项目管理员

每个项目只能有一个项目管理员，对所管理的项目具有绝对的权力。例如查阅、删改工作底稿，增删项目组成员，给项目组成员以及项目所属部门负责人设定权限等。项目管理员的产生是普通用户新建项目就自动成为项目管理员。但针对一些特殊项目，也可以由系统管理员指定人员列表中的任何人成为项目管理员。

3）普通用户

普通用户可以查看项目名称的列表但不能进入项目。普通用户在人员列表中出现，可以被项目管理员加入项目组，授予相应的权限，也可以被系统管理员授予某些项目的项目管理权限。还可新建项目，成为该项目的项目管理员。

2. 操作日志

操作日志是审计人员在审计作业中所有审计工作的记录，它记录的内容包括所有审计人员在所有项目上的工作记录，详细地记录了审计人员在审易软件上任何一个具体项目上进行任何一种具体工作的详细时间，精确到秒。

这个功能主要是方便审计人员在需要的时候查看自己或其他审计人员的工作记录，随时了解工作进度，然后对自己的工作有一个更加合理的安排。

3. 综合设置

在项目创建前，可以对项目创建时以及项目创建后的操作界面进行若干综合设置。综合设置是对审易软件在运行时的参数及状态进行设置的功能模块，不同的身份所能进行的综合设置不同，如表2-5所示。

表 2-5　综合设置

综合设置项目	操作人身份	综合设置项目	操作人身份
取数及状态设置	用户或系统管理员	界面显示主菜单	用户或系统管理员
查询参数	用户或系统管理员	表格字体参数	用户或系统管理员
新建空白底稿参数	用户或系统管理员	登录参数	系统管理员
常用输入法	用户或系统管理员	新建项目设置	系统管理员
界面风格	用户或系统管理员	底稿复核	系统管理员
Office 选择	用户或系统管理员	审计管理系统交互	系统管理员

（二）拓展知识

1. 模板管理

审易软件提供了诸多模板，用户可以在审计过程中调用模板。工作底稿模板是适合于各项目的底稿集合，像这样成套的底稿制作可以利用"模板管理"菜单中的"工作底稿模板管理"来轻松完成。

2. 支持帮助

单击菜单"支持帮助"→"系统帮助"，打开"审易操作手册"窗口。审易软件采用了Windows操作系统常用的支持帮助形式，分四篇介绍了审易软件的安装与设置、数据采集、审计作业以及会计流模板的制作。其中，第三篇按照审易软件的菜单结构，详细介绍了各菜单项的功能和操作方法。

单击菜单"支持帮助"→"版本信息"，会显示审易软件的版本标识、版本日期，以及技术支持电话、电子邮箱等信息。了解版本信息，有助于获得审易软件开发商有针对性的技术支持。

六、技能训练

（一）登录审易系统

1. 以 admin 身份登录系统

（1）从 Windows 桌面左下角开始，依次单击"开始"→"程序"→"用友审计"→"用友审计作业系统——审易 V5.8"，或者单击桌面的审易软件快捷图标，出现审易软件登录界面，如图 2-3 所示。

图 2-3　审易软件登录界面

（2）保持"服务器"名称不变，分别输入或通过下拉列表框选择用户名"admin"，口令为空，登录系统。

（3）单击"确定"按钮，即可打开审易软件的"审计作业"窗口，"审计作业"窗口如图 2-4 所示。

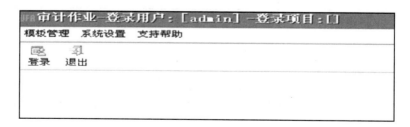

图 2-4　"审计作业"窗口

2. 以用户的身份登录

在"审计作业"主窗口中，单击功能栏上的快捷按钮"登录"，或单击菜单"项目管理"→"重新登录",均可以用不同的用户名来重新登录审易软件,以便按照不同的权限完成不同的工作。在软件演示或教学中,常常要在同一台机器上反复切换不同的身份。

以用户"1"的身份登录项目"abc20050101—20051231",如图 2-5 所示。

图 2-5 用户登录项目

登录之后,在"审计作业"主窗口顶部的标题栏,显示登录的用户名、项目名、期间;底部的状态栏显示服务器名、审计项目、审计年度、审计人员、人员角色。标题栏下方第一行是菜单栏,第二行是功能栏。功能栏与状态栏之间是工作区,审易软件的窗口一般在工作区内打开,审计作业主要是在工作区内完成的。

> "温馨提示"
>
> ▶ 登录时需要通过下拉列表框选择或直接输入服务器、用户名、口令、项目名、期间。其中,口令只能输入,不能选择;期间只能选择,不能输入。
>
> ▶ 练习审易软件的功能时,可以使用预置的用户名"1"登录,以便对预置的项目演示数据进行操作。在实际审计作业中,每个审计人员应该以自己真实的用户身份登录。
>
> ▶ 指定服务器的方式有多种,可以直接输入服务器的名称,如"ztx2"或"ztx2.ufaud";也可以输入服务器的 IP 地址,如"192.168.1.6"。在单机环境下,服务器就是本机,可以选择"(local)"或输入"127.0.0.1"。
>
> ▶ 登录时可不必选择项目名,可以留待登录后,在作业界面打开已有项目或创建新的项目;登录时单击"新项目"按钮,可以在弹出的"项目登记"对话框中创建一个新项目,然后再回到登录界面。

(二)部门设置

部门设置是指可以更改项目信息中"选择部门"下拉菜单的内容。部门设置的操作方法与执行情况设置的操作方法基本相同,只不过部门设置没有预置的内容,可以按需要来随意添加。单击" "按钮,添加新的部门名称及其备注信息,或是单击" "按钮,在某条执行情况前插入新的部门名称及其备注信息，也可单击“×”按钮，删除某条部门名称及其备注信息。“ ”按钮是用来清空所有部门的。当然还可单击“ ”或“ ”按钮来调整某个部门的位置。

1. 打开部门设置窗口

以系统管理员身份（默认 admin）登录审易后，选择“系统设置”菜单，如图 2-6 所示。

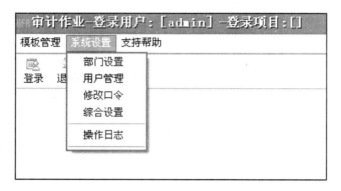

图 2-6　选择“系统设置”菜单

2. 部门设置

对信合会计师事务所相关部门进行设置，如图 2-7 所示。

部门名称	备注
审计部	年度会计报表审计、内部审计专项审计、工商年检审计
会计业务代理部	代理各行业建账、记账、报税等
综合事业部	负责人力资源管理、日常行政管理、党办、财务办等综合
质量监管部	主管风险管理和质量控制

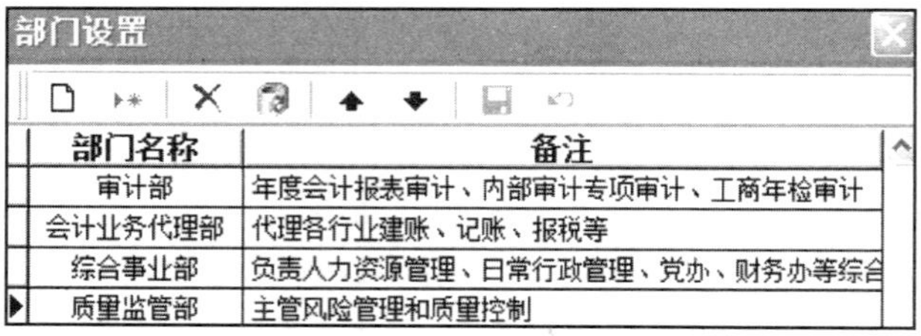

图 2-7　部门设置

“温馨提示”

➤ 系统管理员的工作菜单只有“模板管理”“系统设置”“支持帮助”。其中，“系统设置”菜单比普通用户多了“部门设置”“用户管理”两项。

➤ 在“部门设置”窗口上侧部署的图形按钮分别是“新建”“插入”“删除”“清空”“上移”“下移”“保存”“撤销”，用于增加、删除部门，或调整部门的先后顺序。

➤ 每次增加底稿或修改之后，需要单击“ ”或“保存”按钮。

（三）用户管理

1. 新建用户

选择“系统设置”菜单下的“用户管理”子菜单，打开“用户管理”窗口。在“用户管理”窗口中，单击“添加”按钮，弹出“用户属性”对话框，在“用户属性”对话框的

"属性"选项卡中，分别输入或通过下拉列表框选择用户名"付楚"、全名"付楚"、职务"项目经理"、所属部门"审计部"、角色"用户"、登录口令"fuchu"、口令复核"fuchu"，如图 2-8 所示。

图 2-8　用户属性 – 属性

2. 主管部门授权

在"用户属性"对话框中，单击"主管部门授权"选项卡，从"可选部门"列表中选择"审计部"，单击"授权"按钮，将其添加到"主管部门"列表中，如图 2-9 所示，单击"确定"按钮，返回到"用户管理"窗口。

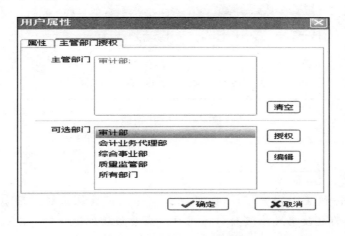

图 2-9　用户管理 – 主管部门授权

选择"主管部门授权"标签，选择要为用户授权的部门名称，双击"可选部门"的名称，可将名称加入用户"主管部门"列表中，当然，也可以按"Ctrl"键多选几个部门的名称，然后单击"授权"按钮，将所选部门加入窗口上部的"主管部门"列表中。单击"编辑"按钮可以对部门的名称进行维护。如果希望所设置的用户拥有对所有部门的主管权限，那么请在"可选部门"列表的末尾选择"所有部门"，加入"主管部门"列表。

3. 修改属性

用户建立后可以对其进行编辑，单击"属性"按钮，对付楚的口令进行修改，使其为"123"，如图 2-10 所示。

图 2-10 修改属性

4.参照以上步骤，为其他人员创建登录用户

单击其右上角的"✕"按钮，关闭"用户管理"窗口，如图 2-11 所示。

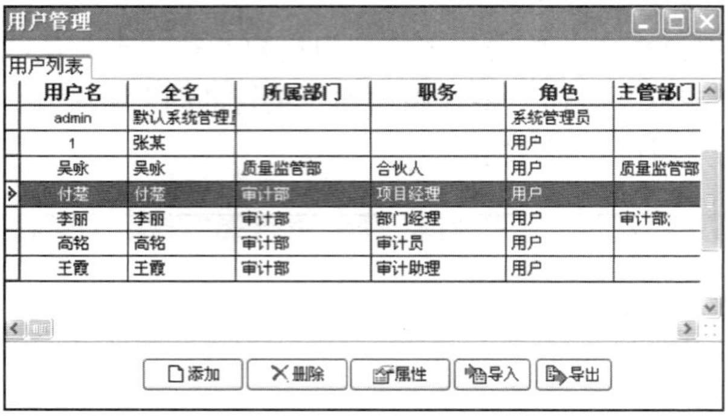

图 2-11 用户管理

┤"温馨提示"├

▶ 审易软件预置的用户"1"也可以被删除，但默认系统管理员 admin 不能被删除，也不能为之改名或降级为普通用户。商业版软件运行时，默认的系统管理员 admin 登录后，应尽快修改自己的口令，以保障系统的安全。

▶ 描述用户的属性中，用户名不能为空，一般使用姓名的汉语拼音字母。

▶ 在"用户管理"窗口中，选择一个用户，然后单击"属性"按钮，或直接双击该用户名，即弹出"用户属性"对话框，可以重新修改该用户的属性。选择一个用户，然后单击"删除"按钮，可以删除该用户。

▶ 要通过下拉列表为用户指定"所属部门"，必须首先完成部门设置。创建第一个新用户时，其"职务"只能输入，不能选择。

▶ 用户名称可以根据项目组分工和实际考核要求设置更改。

（四）修改口令

登录口令是保护审易软件应用安全的重要手段之一。审计人员在实施审计作业时，应以自己的用户名登录审易软件，以便分清责任。系统管理员创建用户时，一般设置与用户名相同的登录口令。审计人员第一次登录审易软件后，首先应修改自己的登录口令。选择"系统设置"→"修改口令"，弹出下面窗口，修改口令如图 2-12 所示。

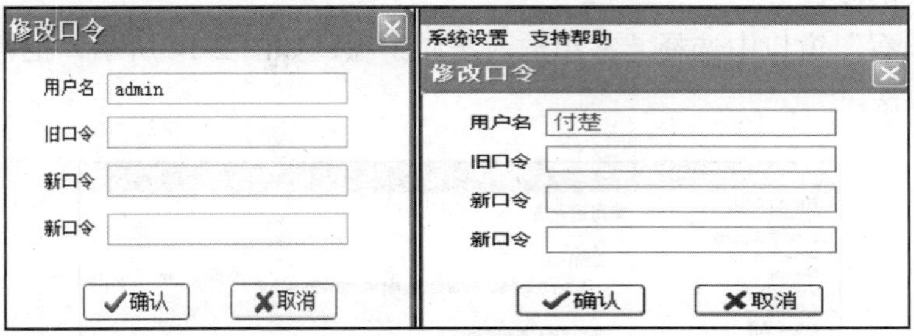

图 2-12　修改口令

在填入旧口令之后，单击"确认"即可完成口令的修改，可以通过此功能修改当前用户的新口令。审计人员只能修改自己的口令，不能修改其他用户的口令。忘记登录口令时，可以请系统管理员重新设置。比如，将付楚的口令设为空。

（五）查看操作日志

操作日志是审计人员在审计作业中所有审计工作的记录，它记录的内容包括所有审计人员在所有项目上的工作记录，详细地记录了审计人员在审易软件上任何一个具体项目上进行任何具体工作的详细时间，精确到秒。

这个功能主要是方便审计人员在需要的时候查看自己或其他审计人员的工作记录，随时了解工作的进度，然后对自己的工作有一个更加合理的安排。

在"操作日志"窗口上方的"审计人员"下拉列表中选择审计人员用户名，这样，系统就会过滤掉其他审计人员的工作。也可以选择一个具体的项目而过滤掉其他不相关项目的记录信息，操作日志如图 2-13 所示。

图 2-13　操作日志

在默认情况下,操作日志按时间顺序显示。单击标题行上的字段名称,可以重新按该字段排序。操作日志支持的鼠标右键菜单项目包括排序、区域求和、分类汇总、相关数据、输出打印、显示方式、全选、复制、发送至底稿、发送至图形、删除、全清。所以,利用鼠标右键菜单就可以复制、删除操作日志,或将操作日志引用到工作底稿。

（六）综合设置

1. 常用输入法设置

在"综合设置"窗口中选择"常用输入法"子项,如图 2-14 所示,把常用输入法设置为搜狗拼音输入法。

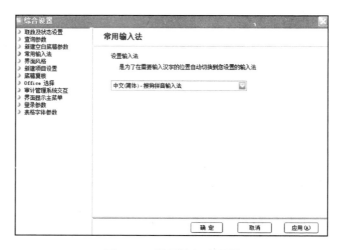

图 2-14　常用输入法设置

2. 界面风格设置

界面风格分为"保留导航功能"和"隐藏导航功能"两个选项。选择"保留导航功能",则打开的子窗口部分充满工作区；选择"隐藏导航功能",则打开的子窗口全部充满工作区。

在"综合设置"窗口中选择"界面风格"子项,进行界面风格设置,如图 2-15 所示。

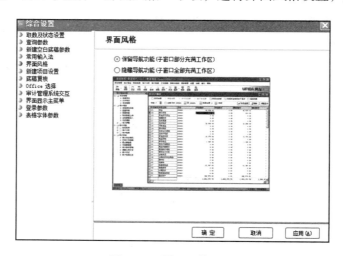

图 2-15　界面风格设置

3. 新建项目设置

（1）选择"设置"→"综合设置"→"新建项目设置"子项。

（2）根据需要可以在选项前的方框打钩或取消打钩，选择"应用"（设置生效而不关闭设置窗口）或"确定"（设置生效并关闭设置窗口），请选择"新建项目时，允许填入项目编号"，如图2-16所示。

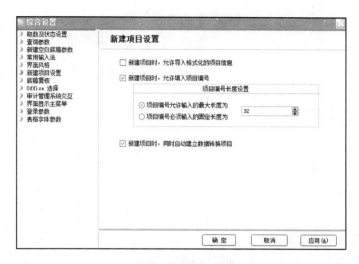

图2-16 新建项目设置

|"温馨提示"|

➤"新建项目时，允许导入格式化的项目信息"表示在新建项目时，允许导入含有项目信息的格式化文件，该功能一般在用友审易与用友审易信息管理系统配合使用时开放。

➤"新建项目时，允许填入项目编号"表示在新建项目时，允许填入项目编号。在"用户管理"窗口中，选择一个用户，然后单击"属性"按钮，或直接双击该用户名，即弹出"用户属性"对话框，可以重新修改该用户的属性。选择一个用户，然后单击"删除"按钮，可以删除该用户。

➤"新建项目时，同时自动建立数据转换项目"表示在新建项目时，同时自动建立数据转换项目，以便同步展开数据转换工作，而不需要在数据转换时重复建立相同项目。

4. 底稿复核设置

底稿复核设置是指对审易系统使用底稿复核功能进行相关设置。底稿复核设置连接当前审易系统库的所有审易系统。"启用复核"是指是否在当前审易系统中启用复核功能；"允许最高复核级别"是指需要用到的最高复核级别；"允许撤销复核"是指是否可以对已经复核过的对象进行撤销复核的操作；"撤销复核限制"是指在进行撤销复核操作时所必须满足的条件。

选择"设置"→"综合设置"→"底稿复核"子项，把底稿设置为三级复核，如图2-17所示。

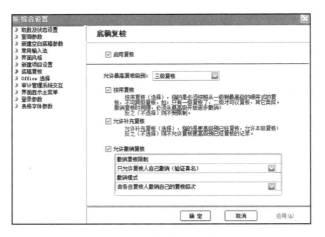

图 2-17 底稿复核设置

（七）模板管理

1. 工作底稿模板管理

工作底稿模板管理是选择适合于此项目的底稿集合，成套的底稿制作可以利用"模板管理"菜单中的"工作底稿模板管理"来完成。

1）导出模板

单击"模板管理"→"工作底稿模板管理"→"导出"，找到"中注协审计工作底稿"，将其导出，如图 2-18 所示。

图 2-18 导出工作底稿模板

2）导入模板

单击"模板管理"→"工作底稿模板管理"→"导入"，找到"中注协审计工作底稿"，将其导入，如图 2-19 所示。

图 2-19 导入工作底稿模板

3）打开工作底稿模板

选中"中注协审计工作底稿"，单击打开，如图 2-20 所示。

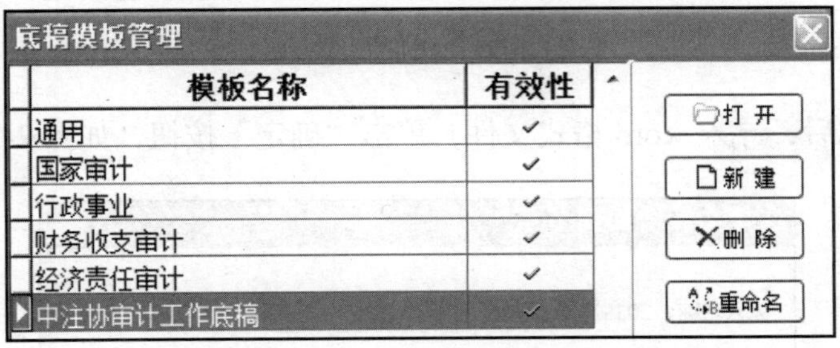

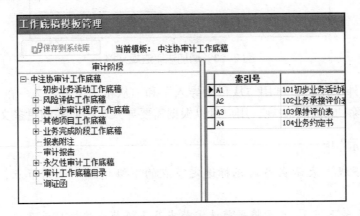

图 2-20 打开工作底稿模板

4）查看工作底稿模板

查看工作底稿模板如图 2-21 所示。

图 2-21 查看工作底稿模板

2. 报表模板管理

（1）单击"模板管理"→"法律法规模板管理"→"会计准则"，在右键菜单中找到"增加同级"，在当前光标选定节点的同级增加一个新节点，并命名法规名称，如图 2-22 所示。

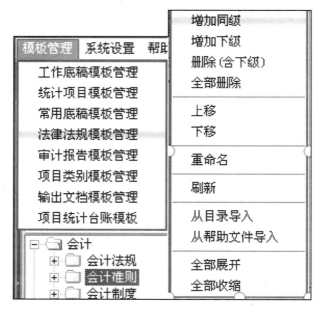

图 2-22　增加同级模板

（2）输入名称后，导入 word 格式文件，单击"确定"按钮，如图 2-23 所示。

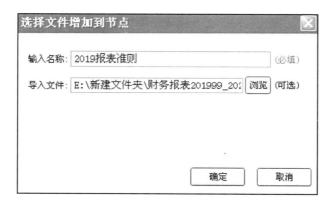

图 2-23　增加法律法规文档

除上述方法外，用户也可用"从目录导入"和"从帮助文件导入"的方法批量增加法规，也可通过删除功能删除法规，用户可以根据需要导入自己所需的更多文档。

> **"温馨提示"**
>
> ➤ "增加下级"表示在当前光标选定节点的下级增加一个新节点，并命名法规名称。
> ➤ "删除（含下级）"表示将当前选定节点及下级节点法规目录及内容一并删除。
> ➤ "全部删除"表示将法规库中的所有法规目录及内容全部删除。
> ➤ "上移"表示将当前光标选定的节点位置上移。
> ➤ "下移"表示将当前光标选定的节点位置下移。

> - "重命名"表示重命名当前光标选定的节点名。
> - "刷新"表示刷新法规库的目录树及法规内容。
> - "从目录导入"表示将一个文件夹内的所有文档（包括 word、txt 文档等）导入当前选定节点下级，节点名自动命名为原文档的文件名，内容也同时导入窗口的右方。
> - "从帮助文件导入"表示将一个帮助文件（格式为 hlp 帮助文件）导入当前选定节点的下级。
> - "全部展开"表示将法规目录树的全部节点展开。
> - "全部收缩"表示将法规目录树的全部节点收缩。
> - "编辑内容"表示编辑当前光标选定节点的法规内容。（图中未显示）
> - "查看源文件"表示查看当前光标选定节点的法规源文件。（图中未显示）

七、课后拓展

毕业之后，你要创建一家会计师事务所，请为会计师事务所设计部门和人员，并在审易系统中进行设置。

2.1.2 审计项目设置

审计项目是独立的数据处理单元，除了"系统管理员"不能创建审计项目之外，角色为"用户"的任何审计人员都可以创建审计项目。一般来说，审计项目的大部分管理工作由项目经理负责。审计项目设置主要包括新建和维护管理。

一、活动描述

（一）新建审计项目基本信息
（1）项目名称：华天报表审计；
（2）项目时间：2019 年；
（3）会计制度：标准科目；
（4）报表模板：标准会计报表；
（5）工作底稿模板：中注协审计工作底稿；
（6）所属部门：审计部；
（7）被审计单位名称：华天有限责任公司；
（8）审计时间：2020 年 1 月 10 日至 2020 年 2 月 5 日；
（9）项目管理员：付楚。

（二）工作分工

付楚作为项目经理专门负责和客户沟通，了解华天公司的具体业务情况、行业发展情况，在充分进行风险评估的基础上事先编制审计计划、评价审计风险、制定审计方案，现场审计结束后进行一级复核工作，审计业务结束后要根据查出的问题确定审计报告类型，并签字对审计结果负责；高铭按照审计计划的安排，在现场审计时负责主要科目的审计，包括控制测试和实质性程序，并对在审计中发现的重要问题提出处理意见；王霞主要协助审计员完成凭证抽查、实物资产的抽盘等实质性程序工作；在信合会计师事务所对华天公司的审计项目中，付楚是项目经理，李丽是审计部门经理，吴咏是会计师事务所的主任会计师，他们分别完成一级复核、二级复核、三级复核。

（三）重要性水平

1. 报表层次重要性水平

由于是连续审计，该项目组成员根据被审计单位的各方面情况，按期末资产总额的0.5%，即30万元确定会计报表层次的重要性水平。

2. 各类交易、账户余额、列报认定层次的重要性水平

各类交易、账户余额、列报认定层次的重要性水平在审计结束后按各账户的重要性水平即报表项目的0.5%确定，并分别计入账项调整分录汇总表和未更正错报汇总表。

二、单元目标

【知识目标】

（1）掌握项目管理的基本概念；

（2）掌握审计项目设置的基本流程；

（3）掌握审计项目设置的基本操作规范。

【技能目标】

（1）能够新建华天公司审计项目；

（2）能够对华天公司审计项目进行维护和管理；

（3）能够运用用友审易软件进行系统的综合设置；

（4）能够对工作底稿做出编辑。

【素质目标】

（1）培养学生沟通协调的人际交往能力；

（2）培养学生谨慎务实的职业能力。

三、情景导入

信合会计师事务所与华天有限责任公司进行沟通，初步了解被审计单位的情况及其环境，征得被审计单位的书面同意后，与前任注册会计师进行沟通，对承接业务进行评价，并于2020年1月10日签订审计业务约定书。

信合会计师事务所由吴咏、李丽、付楚、高铭、王霞组成的审计组进行审计，付楚在审易软件中建立项目，并完成相关工作底稿。

四、操作要求

（1）新建审计项目华天公司年度报表审计；

（2）打开审计项目；

（3）维护审计项目；

（4）编辑工作底稿。

五、知识链接

（一）审计项目属性

审计项目属性如表 2-6 所示，其中，项目名称和审计时限的组合用于区分不同的审计项目。审计项目按项目名称分组，同一个项目名称下可以有若干个审计时限，代表不同的项目。

表 2-6 审计项目属性

属性	说明
项目名称	选择或输入，一般是单位简称加审计类别，如：abc 时代集团公司财务收支审计
审计时限	一般是一个完整的会计期间，如：2012.01.01—2012.12.31；可多年度批量创建
会计制度	选择会计制度实际上就是选择报表模板
工作底稿模板	只能选择可选择的工作底稿模板
所属部门	可选择的部门由系统管理员创建
审计类别	输入新的类别，或选择财务收支审计、资产经营责任审计、任期经济责任审计、经济效益审计、建设项目审计、专项审计及调查
被审计单位名称	只能选择，单击"管理"可随时创建新的被审计单位信息

（二）项目管理

选择"项目管理"→"项目维护"，打开"项目管理"窗口，这是管理所有审计项目的综合窗口，可以新建审计项目，打开、修改、删除已有的审计项目，为审计项目分配审计人员、设定工作权限、对工作底稿进行分工、备份或恢复审计项目数据、导入或导出项目数据包。所有的审计项目均按项目名称与审计时限（项目期间）列表显示。通过下拉列表框，可以按范围（主管项目、参与项目、全部项目）选择项目，或按部门选择项目。单击"刷新"按钮，可以看到其他人员在服务器上最新创建的审计项目。

在"项目管理"这个窗口中，可以实现对项目最完全、最方便的管理。除了上面介绍的新建项目和打开项目的操作之外，还可以修改项目信息、删除项目（操作人员只能删除其权限——该项目的项目管理员——范围内的项目）、备份已有项目、恢复以前备份过的项目，另外，还有人员分配、工作分工、项目数据的导入和导出等功能。

"新建"：新建项目。新建项目后，自动关闭当前已经打开的项目，并打开新建的项目。

"打开"：打开所选择的项目。

"修改"：用于修改项目的部分（可修改的）信息。"修改信息"栏下的"所属部门""审计类别""被审计单位名称"都是可以修改的内容，但"基本信息"是不能被修改的。修改项目中显示的"项目名称""审计时限""会计制度""工作底稿模板"也是不能被修改的。

"删除"：删除所选择的项目。为安全起见，系统会弹出对话框要求确认。删除项目时，应该选择"审计时限"（"项目期间"），而不是选择"项目名称"，否则系统会提示"请选择年度，再删除项目"。有多段审计时限（项目期间）的项目，需要一个一个删除。项目管理员可以删除他所管理的项目，但无权删除别人管理的项目。

"右键菜单":选中项目后,右键菜单主要有打开、修改、删除、备份、人员分配、工作分工、项目互导、属性。

(三)人员分配

人员分配是由项目管理员操作的,用于指定该项目组的成员及成员项目权限等。在"项目管理"窗口选择"人员分配",弹出"项目人员分配"窗口。窗口右面是可选人员名单,选择参与审计项目组的人员,单击窗口下方的"添加",就能将选中的人名添加到项目组人员列表中。删除项目组成员时,在左面窗口中单选或多选要删除的人名,单击"删除",选中的人员将从项目组人员列表中被删除,出现在备选的人员清单中。单击"清空",可以将除自己之外所有的项目组成员删除到备选人员列表中。

1. 人员角色及权限

1)项目管理员

每个项目只能有一个项目管理员,对所管理的项目具有绝对的权力。例如查阅、删改工作底稿,增删项目组成员,给项目组成员以及项目所属部门负责人设定权限等。项目管理员的产生是普通用户新建项目就自动成为项目管理员,但针对一些特殊的项目,也可以由系统管理员指定人员列表中的任何人成为项目管理员。

2)用户

用户可以查看项目名称的列表,但不能进入项目,普通用户在人员列表中出现,可以被项目管理员加入审计项目组,授予相应的权限,也可以被系统管理员授予某些项目的项目管理权限。还可以新建项目,成为该项目的项目管理员。

3)复核人

复核人可以查看项目名称的列表,进入项目并对所有工作底稿做相应的修改复核。比普通用户权限要大一些,但是复核人没有权限删除已有的工作底稿。另外,复核人同样也可以被项目管理员授权,例如对底稿的完全控制等。

2. 项目管理员的授权操作

在通常情况下,项目管理员的产生是普通用户新建项目自动成为项目管理员,或是通过项目管理员对项目组成员授权后,项目组成员成为项目管理员,而原项目管理员会自动降为项目组的普通成员。只有在极特殊情况下,项目管理员才会通过系统管理员强制指定。

审计人员必须以项目管理员的身份登录,然后单击"项目管理"菜单中的"人员分配",弹出"项目人员分配"窗口。在窗口左端的"已选人员名单"中选定要把权力移交的人名,双击要授权的某人的角色,选择"设置项目管理员",完成设置。完成设置后,因为每个项目的项目管理员只能有一人,"付楚"被设置成为项目管理员,"1"自动降级为普通用户。

(四)审计准备工作底稿

选择"审计文档"→"底稿管理平台"或者单击"底稿"工具按钮,可以打开底稿管理平台,在底稿管理平台可以将当期项目的所有工作底稿进行集中管理。底稿管理平台分为左右两个窗口,其中左方窗口为审计文档流程树,右方窗口为对应流程阶段包含的文档或底稿。

1. 底稿的打开与编辑

选中要打开的底稿,单击右键,选择"浏览",即可打开底稿;双击底稿,即可打开并直接进行编辑，但要注意底稿权限；选中要打开的底稿，单击右键，选择"编辑"，也可修改编辑底稿。在打开的底稿界面，单击右键，可以添加法律依据、审计结论等。

2. 底稿的删除与添加

选中要删除的底稿，单击右键，选择"删除"，即可删除底稿；选择"添加"，即可添加各种形式的底稿。

3. 底稿的导入与导出

"导入"菜单选项可直接将审易软件外部文档引入，"导出"菜单选项则可将审易软件中的底稿导出。

4. 属性

以项目管理员的身份登录的审计人员，可对审计文档或底稿进行权限设置操作，指定项目组成员对文档的访问权。选择要设置权限的工作底稿，单击右键，选择"属性"，弹出"底稿属性"窗口，该窗口包括"底稿属性""底稿权限""底稿授权"三个选项卡。

在"底稿权限"标签页中可以查看底稿设置成员的权限，权限分为三种：

（1）完全控制：可以进行删除底稿、编辑底稿属性（改名等）、浏览底稿、编辑底稿等所有操作；

（2）修改：只可以编辑底稿、编辑底稿属性（改名等），不可以删除；

（3）只读：只可以浏览底稿。

完全控制只能授权于一人，只读和修改可授权于多人。

5. 底稿的查找与显示

在名称栏输入指定的底稿名称，可以查找到要寻找的相应底稿；选择显示的下拉列表所列示的显示条件，可显示出要寻找的底稿，其中显示复核或未复核的底稿，需以系统管理员的身份进行综合设置。

六、技能训练

（一）新建项目

（1）以"付楚"身份登录后，单击"项目管理"菜单中的"新建项目"，或者在"项目管理"窗口中单击"新建"，首先输入要新建的项目编号和名称，如"001"，这里输入编号为空，名称为"华天报表审计"。

（2）在"审计时限范围"框中输入此次审计时限（不是审计组进点的时间，是财务数据本身的时间段），如图中为"20190101—20191231"。

（3）在"标准会计科目"中选择"标准科目"。

（4）在"财务报表模块"下拉列表中选择对应的模块，如"标准会计报表"。

（5）在"工作底稿模板"中选择对应的工作底稿模板类别，如"中注协审计工作底稿"。

（6）在"所属部门"中选择审计项目组所属部门"审计部"。

（7）在"审计类别"中选择审计类别。系统中预置了一些常用的审计类别，如"财务收支审计""任期经济责任审计""经济效益审计""建设项目审计""专项审计及调查"等。如果所进行的审计类别在列表中没有，则可以在列表中直接填写，在下次新建项目时会自动列示出来，以供选择。

（8）单击"确定"，则新建项目完成，如图2-24所示。

图 2-24 新建项目

审易软件允许"多年度批量创建"审计项目。所谓"多年度",是指多段审计时限。"多年度批量创建",是指一次性创建多个审计项目,这些项目的其他属性完全相同,只是审计时限不同。

在"项目登记"窗口中,选择"多年度批量创建"复选框,单击"年度添加"按钮,弹出"年度编辑"窗口,可以添加多段审计时限,如"20140101—20141231""20150101—20151231"。每段审计时限代表一个项目,可以是单个年度,也可以是连续的多个年度。执行"多年度批量创建"之后,系统会自动打开第一段审计时限的项目。

(二)项目修改

单击"项目维护",打开"项目管理"窗口,选中年度后单击"修改",打开"项目修改"窗口,如图 2-25 所示,在该窗口中可以修改审计项目的部分属性(所属部门、审计类别等)。但是,新建审计项目时,一定要输入或选择正确的项目名称、审计时限、会计制度、工作底稿模板。项目一经创建,这四项属性就不能再修改;如果必须修改,只有先删除该项目,再重新创建。

(三)人员分配

(1)在"项目管理"窗口中,选中所建项目下的审计时限"20190101—20191231"后,单击"项目人员分配"按钮,打开"项目人员分配"窗口。

(2)在"项目人员分配"窗口中选中王霞,单击"添加"按钮,将王霞添加到项目组中。

(3)在"人员角色"单元格中单击,从显示的下拉列表框中选择身份为"项目管理员",如图 2-26 所示。

(4)用同样的方法可以添加其他项目成员,单击"确定"按钮,关闭"项目人员分配"窗口,系统提示"人员分配完成,重新打开项目时生效"。

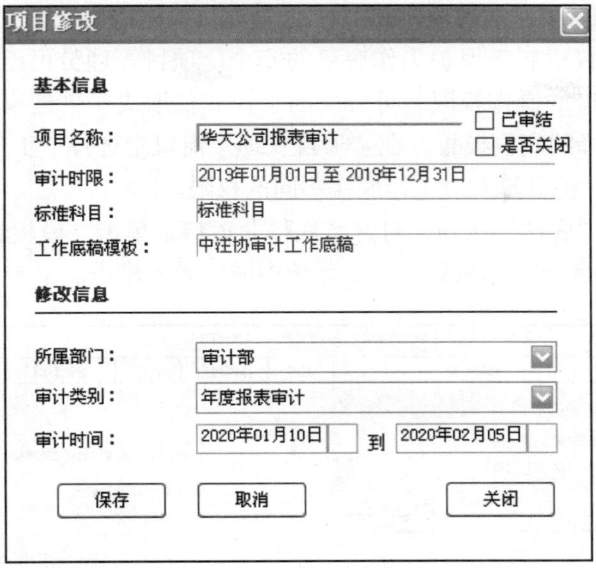

图 2-25 项目修改

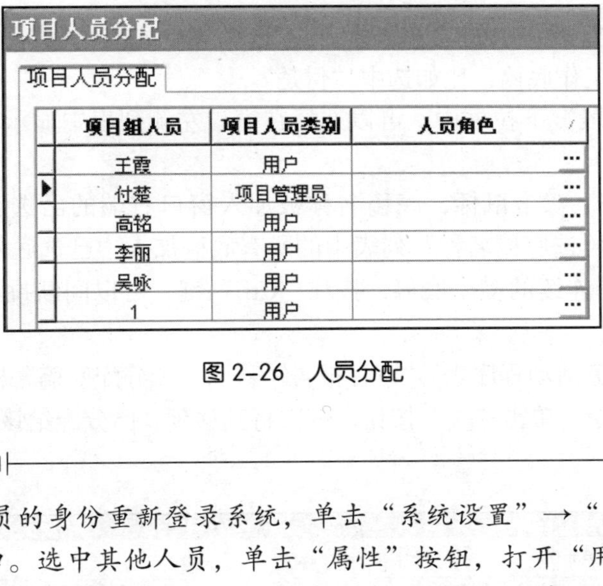

图 2-26 人员分配

> **"温馨提示"**
>
> 以系统管理员的身份重新登录系统，单击"系统设置"→"用户管理"，打开"用户管理"窗口。选中其他人员，单击"属性"按钮，打开"用户属性"窗口的"项目授权"选项卡。选择"项目授权"标签页，可以见到所有项目的列表，在这里可以强制指定某个项目的项目管理员。选择要授予这个项目管理员的项目，使它成为反色，然后单击"授权"，系统提示"授权成功"，在此项目的后面会出现一个黑色的"√"。取消授权的操作与授权操作步骤相同。

（四）工作分工

1. 工作分工

工作分工由项目管理员完成，项目组其他成员无权进行工作分工，否则系统会提示"您登录的用户无权对此项目进行工作分工"。在"项目管理"窗口中单击"工作分工"按钮，会弹出下拉菜单"按底稿""按事项"等,项目管理员根据需要进行工作分工。

审易软件采用授权机制来保护工作底稿的安全。项目管理员可以为项目组成员分配不同的底稿,并授以相应的操作权限。可分配的工作底稿取决于创建审计项目时或对工作底稿进行初始化时所选择的底稿模板。在"项目管理"窗口中选择"工作分工",可以对项目人员分配不同的底稿,使其享有对工作底稿不同的权限。

(1)单击工具栏"底稿"按钮,打开"底稿"窗口,单击"模板选取",选择底稿,如图 2-27 所示,单击"是(Y)"按钮后,在系统中成功导入模板。

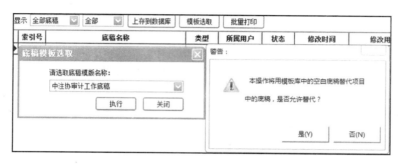

图 2-27 模板导入

(2)单击"项目管理"中的"工作分工",选择菜单"按底稿",在"人员清单"中选择要分配给哪一个人工作底稿,比如选中"付楚"。

(3)在"审计阶段"下拉框中,可以选择在窗口左侧列表中显示的底稿的类别(全部的或某个审计阶段的)。

(4)在底稿名称上双击鼠标,底稿名称被加入窗口右端的已选底稿名列表,或者单击" >> "按钮,将"可选底稿名称"列表中的所有底稿加入"已选底稿名称"列表。按住"Shift"键,可以选择连续的多个底稿,按住"Ctrl"键,可以间断挑选多个底稿,将所有底稿移动到已选底稿。

(5)将"初步业务活动程序表""审计报告"移到"未分配底稿"栏,选择"付楚",选中未分配底稿每行记录,单击" > "按钮,依次将其移到"已分配给该人员的底稿"栏,如图 2-28 所示。

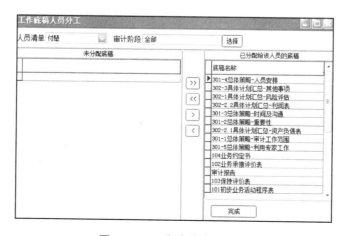

图 2-28 工作底稿人员分工

（6）根据项目组人员分工情况选择后，退出"工作底稿人员分工"窗口。在"工作底稿编制平台"的"所属用户"中可以看到分工操作的结果。

2.联机小组作业

1）主审分发项目

在联网的状态下，项目主审可以将建好的项目分发下去，即提供一个供项目组人员（以下简称组员）下载的项目数据包，这主要用于项目组人员在单机作业时从主审处取得项目数据。

单击"主审分发项目"，开始进行项目分发，系统以进度条提示，如图2-29所示。

图2-29 主审分发项目

项目分发完成后，出现提示窗口，单击"确定"即可，如图2-30所示。

图2-30 主审分发项目结果

2）组员下载项目

组员从服务器下载项目到本地，下载的是主审分发的属于自己的审计计划项目，用于单机审计作业。由于每个组员到现场审计，使用作业软件用于网络小组互动作业在客观上不可能，因此单机作业是必然的。

组员单击"组员下载项目"，弹出"登录项目源"窗口，在该窗口中，录入服务器的IP地址，录入组员在服务器上的用户名和密码，如图2-31所示。注意：这里的用户名和密码是项目管理员设定的用户及密码。

单击"确定"按钮后，弹出"选择导入项目窗口"，在该窗口中，组员选择所要导入的项目后，单击"确定"按钮即可。

"温馨提示"

▶在网络脱机状态下，项目主审如果将建好的审计项目分发给项目组员，可通过项目导出实现，将导出数据包给项目组员，组员通过项目导入将分到的项目接收到本地进行现场作业。

项目组员完成现场作业后，需将审计成果提交给项目主审，这时通过项目导出，将自己的工作成果交给主审审核，主审通过项目导入接收组员的工作成果。

▶项目管理员管理的项目可以以不同的角度进行筛选查询，具体包括涉入范围、所属部门、审计类别、项目状态。其中，涉入范围分为主管项目和参与项目；项目状态为已审、在审、关闭。

> 需要说明的是，联机小组作业根据实际网络环境和项目组分工决定是否选择。

图 2-31　登录项目源

3）组员回传项目

组员在现场审计，使用审易软件以单机的工作方式完成相应的审计工作结果，需将其审计结果回传给服务器中与其对应的计划项目。

单击"组员回传项目"，弹出"远程项目登录"窗口，录入服务器的 IP 地址，录入组员在服务器上的用户名和密码，选择需要上传的项目，单击"确定"按钮即可。

（五）备份、恢复与维护

备份是指对所选择的项目进行整体打包保存，包括财务数据和工作底稿等所有项目内容。备份的文件是扩展名为".syd"的格式化文件，如"abc 时代集团公司财务收支审计200301201212.syd"，该备份文件是经过加密和压缩的，只有在审易 V4.5 及以上版本的恢复中才可使用。

（1）单击"备份"，打开"项目库备份"窗口。

（2）选择建立的项目，单击"备份"按钮，弹出"项目库备份"窗口，如图 2-32 所示。单击"浏览"按钮，选择项目库保存路径，选定后会出现该项目的项目库信息，然后单击"备份"按钮，则会自动实现对该项目的备份。

（3）对之前备份好的项目进行恢复。恢复时，系统会自动识别备份文件并获取项目信息，会自动检测项目是否已经存在（如果同名同年度项目已经存在，允许用户重命名后恢复为另一个项目）。如果备份文件是较早的版本，在恢复时，系统会在保持项目数据完整的情况下，自动升级项目库为最新版本，以适应最新版本的审易软件，如图 2-33 所示。

项目 2　信息化审计准备

图 2-32　"项目库备份"窗口

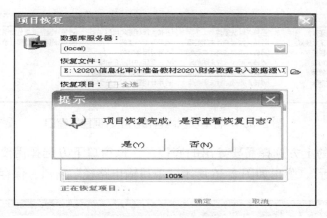

图 2-33　项目恢复

（4）项目维护如图 2-34 所示。

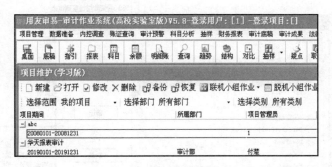

图 2-34　项目维护

（六）项目互导

在"项目管理"窗口选择"项目互导"，项目互导分为导出和导入，项目的导出、导入用于审计项目的保存与合并，不仅可以在审计人员之间实现信息共享，还可以在审计作业系统与审计管理系统之间实现信息交换。

1. 导出

（1）单击主菜单中的"项目管理"→"项目互导"→"导出"，打开如图 2-35 所示"将本项目内容传出至数据包"窗口，启动导出界面，可以看到当前项目包含的所有底稿和数据表。

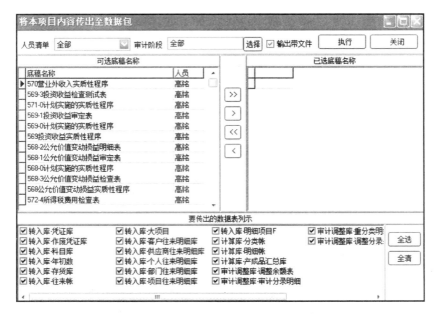

图 2-35 "将本项目内容传出至数据包"窗口

（2）在该窗口的上方选择需要导出的底稿，在该窗口下方选择需要导出的数据。选择完之后，单击"执行"，弹出如图 2-36 所示"项目输出路径"窗口，保存数据包文件。

图 2-36 "项目输出路径"窗口

（3）选择路径，输入数据包文件的文件名，单击"保存"。系统将在所选路径下，创建下级目录（如"审易数据包导出 131713"），并在该目录下生成导出的数据包（审易数据包.mdb）及各审计阶段的底稿文件（.doc，.xls）。

如果没有选中"输出带文件"复选框，则只会导出 Access 数据库形式的"审易数据包.mdb"文件。

（4）如果不仅需要导出 Access 数据库形式的数据包，还希望将需要的底稿以文件的形式导出，那么，将窗口上方"输出带文件"选项选中，然后单击"执行"，如图 2-37 所示，弹出"项目输出路径"窗口。

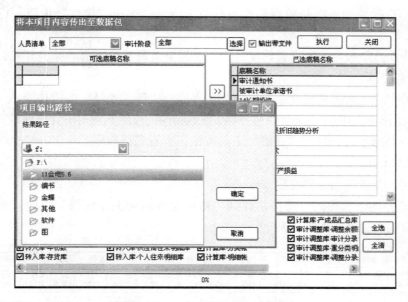

图 2-37 "项目输出路径"窗口

（5）选择需要导出数据包的存放路径，单击"确定"按钮，程序会自动在选择的路径下建立一个文件夹，其中包含导出的数据包和所有选中的底稿文件。

2. 导入

导入功能是把原来导出的数据导入当前的项目中，原来同名的底稿或数据表将会被覆盖掉。

（1）单击主菜单中的"项目管理"→"项目互导"→"导入"。打开如图 2-38 所示"将数据包传入本项目"窗口。

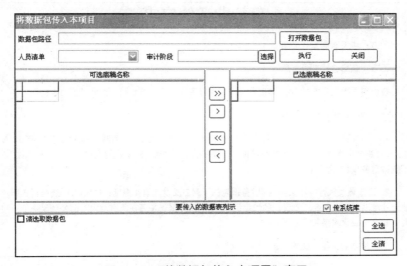

图 2-38 "将数据包传入本项目"窗口

（2）单击“打开数据包”按钮，在弹出的“打开”对话框中，找到以前导出的数据包（如审易数据包.mdb）。然后选择要导入项目的底稿和各种数据，如果数据包（审易数据包.mdb）所在的目录下有底稿文件（.doc，.xls），则所有的底稿文件会显示在“可选底稿名称”栏目下。选择要导入项目的底稿和各种数据表后，单击“执行”按钮，将数据导入当前的项目中。

注意：项目的导入是导入当前的项目中，如果当前的项目中有数据，可能会造成冲突。

（七）重新登录

项目菜单中的“人员重新登录”功能与主界面快捷键“登录”按钮功能是一样的，审计人员随时可以用不同的用户名来登录服务器，按照不同的权限实施对审计作业的操作和管理。

以高铭的身份登录，单击“底稿”工具按钮，查看底稿权限。

（八）编辑底稿

1. 编辑初步业务活动工作底稿

（1）单击工具栏“底稿”按钮，找到“初步业务活动工作底稿”中的“业务约定书”，以付楚的身份双击打开，如图 2-39 所示。

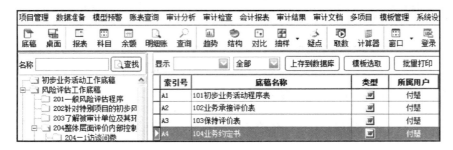

图 2–39 编辑初步业务活动工作底稿

（2）打开“审计业务约定书”模板（图 2-40）后，根据实际情况对其进行修改，编辑完毕后保存。

审计业务约定书

甲方：华天有限责任公司

乙方：信合会计师事务所

兹由甲方委托乙方对 2019 年度财务报表进行审计，经双方协商，达成以下约定：

一、业务范围与审计目标

1. 乙方接受甲方委托，对甲方按照企业会计准则和《企业会计制度》编制的 2019 年 12 月 31 日的资产负债表、2019 年度的利润表、股东权益变动表、现金流量表以及财务报表附注(以下统称财务报表)进行审计。

2. 乙方通过执行审计工作，对财务报表的下列方面发表审计意见：(1)财务报表是否按照企业会计准则和《企业会计制度》的规定编制；(2)财务报表是否在所有重大方面公允反映甲方的财务状况、经营成果和现金流量。

二、甲方的责任与义务

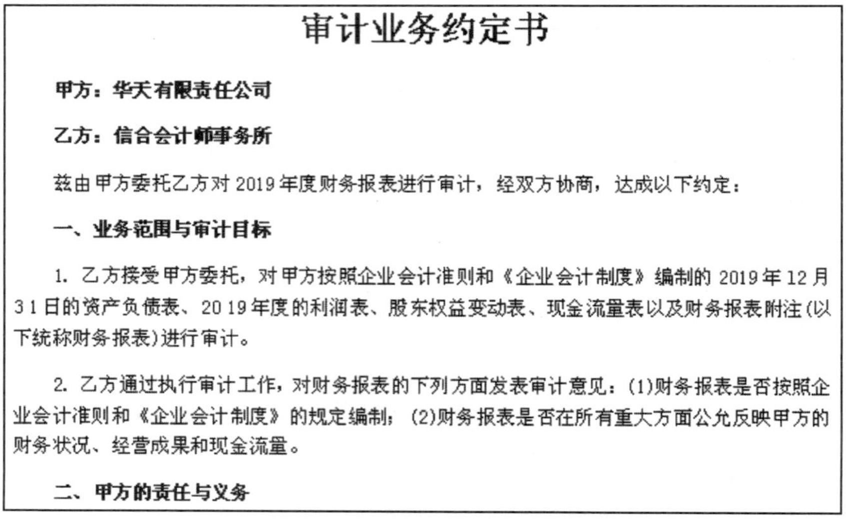

图 2–40 审计业务约定书

（3）用同样的方法编辑其他初步业务活动工作底稿。

┤"温馨提示"├

▶如果底稿无法关闭，或打开多个底稿，可以选择"设置"→"清除 Excel 进程"，将打开的所有 Excel 文件都关闭；选择"设置"→"清除 Word 进程"，将打开的所有 Word 文件都关闭；需要注意的是，这种操作虽然省事，但会一并关闭在审计软件之外打开的其他 Excel 或 Word 文档窗口，而且没有保存，强制关闭。因此，在编辑 Excel 或 Word 文档时，应养成及时按"Ctrl+S"键随时保存文档的习惯。

▶如果底稿无法显示，在综合设置窗口中选择"查询参数"子项，该设置是针对所使用的办公系统进行的，只需选择对应的 Office 选项即可。

▶"所属用户"表示该文档的编辑修改权分配给谁，比如显示用户"1"，则"1"具有对该文档的编辑、修改权力，其他项目成员只有浏览权，浏览时可单击右键，打开菜单下的浏览子菜单，双击，文档默认为编辑修改。

▶"状态"表示文档或底稿的当前状况，当"状态"为"📝"标记时，表示该底稿处于编辑状态，尚未提交完成，该底稿或文档完成后，由用户单击"上存到数据库"，即完成该底稿或文档的提交，同时"状态"的"📝"编辑标记消失。

▶当用户编辑完工作底稿后，工作底稿在未上存到数据库服务器前是存储在客户端的。用户可按"上存到数据库"将工作底稿上存到服务器，实现工作底稿的集中管理。

2．风险评估工作底稿

（1）单击工具栏"底稿"按钮，找到风险评估工作底稿中的"总体审计策略—重要性"，以付楚的身份双击打开底稿。

（2）根据华天公司的实际情况填写底稿，并保存。

（3）底稿中的业务约定书的内容如表 2-7 所示。

表 2-7　业务约定书的内容

	年份或项目	税前（后）利润法	费用总额法	总收入法	期末总资产法
重要性水平估计	年				
	年				
	年				
	前三年平均				
	当年未审数				
	重要性比例/%	5	0.5	0.5	0.5
	重要性水平（绝对值）				30万

续表

	账户名称	金额	账户名称	金额	账户名称	金额
重要性水平分配	应收账款	1 906 631.55	短期借款	5 350 000.00	主营业务收入	
	预付账款	231 350.00	应付账款	7 890 111.20	主营业务成本	
	其他应收款	26 215.00	预收账款	4 289 700.00	营业费用	
	存货	26 042 542.42	其他应付款	444 850.00	管理费用	
	待摊费用				财务费用	
	长期投资				营业外收支	
	固定资产		其他流动负债			
	在建工程		长期借款			
	开办费					
	长期待摊费用		其他长期负债			
	无形资产					
说明	1. 方法适用范围 （1）对于以营利为目的的企业，来自经常性业务的税前利润或税后净利润的5%，或总收入的0.5%。在适当情况下，也可采用总资产或净资产的一定比例。 （2）对于非营利组织，费用总额或收入的0.5%。 （3）对于共同基金公司，净资产的0.5%。 2. 重要性水平计算基础以当年未审数为主，适当考虑以前年度的经营成果、财务状况、本期的预算和预测结果，被审计单位的重大变化以及宏观经济环境和所处行业环境发生的变化。 3. 以上比例仅为参考数值，执行具体审计业务时，可作适当的调整，对重要性的评估需要职业判断。 4. 实际工作中，判断重要性时，应考虑尚未更正的错报汇总（已识别和推断的）是否影响了公司的关键财务指标。					

七、课后拓展

信合会计师事务所将与华天公司持续展开三个年度的合作，请为华天公司建立多年度审计项目。

2.2 数据准备

完成审计项目建立后，审计人员需要进行审计前的数据准备工作，包括数据采集、数据转换、财务数据导入、业务数据导入、数据平衡检测、凭证断号检测、标准科目对应及内控测评等。这部分工作可以帮助审计人员在执行具体审计工作前，将拟审的数据对象导入审计项目中，并可对导入的数据进行校验，以保证数据的真实完整。

【任务提出】

处理电子数据是计算机的优势，利用审易软件进行审计，体现了信息化审计的优越性。那么在具体开始实施审计工作之前，首先要保证审计项目中应该有电子数据，因此数据的导入工作是审计工作开始的前提，请将华天公司的电子数据导入华天公司年度报表2019年的审计项目中去，并校验其导入的正确性。

【任务实施】

单元活动一（2.2.1） 数据导入：根据数据的类型选择合适的数据导入方式，导入数据到审计项目中去。

单元活动二（2.2.2） 数据校验：检测数据导入过程中是否产生误差，并与审计项目带有的模板数据进行对应，使之统一。

单元活动三（2.2.3） 内控测评：审易中的内控测评功能，为审计人员提供了一个内部控制测试评价工具，运用内控测评功能完成具体项目内控调查和内控测试。

2.2.1　数据导入

一、活动描述

（一）华天公司基本情况

该公司注册资本1 500万元，现有职工510人，主要生产各种型号的钢材。年生产量10万吨，本月生产5 200吨。公司设有三个基本生产车间：炼铁车间、炼钢车间、轧钢车间。公司设有两个辅助生产车间：机修车间、供电车间。全公司的用车由公司总部管理，公司用车分为生产经营用车和办公用车，相关费用分别计入销售费用和管理费用。其他情况见数据资源——华天公司财务账套。

（二）华天公司电子数据简介

（1）核算软件：用友审易U8V10.1，这是经济交易和事项主要涉及的软件系统；

（2）财务报表：资产负债表、利润表；

（3）财务软件会计科目：2007年会计制度科目；

（4）财务数据会计期：2019年12月数据。

二、单元目标

【知识目标】

（1）掌握数据导入的基本概念；

（2）掌握数据导入的基本流程；

（3）掌握数据导入的基本操作规范。

【技能目标】

（1）能够将华天公司的财务数据导入审计项目中；

（2）能够将华天公司的业务数据导入审计项目中；

（3）会查询验证项目数据的存在性。

【素质目标】

（1）培养学生应对多变系统环境的数据对接创新能力；

（2）培养学生谨慎务实的职业能力。

三、情景导入

已经建了华天公司年报审计项目，请找到资料中的数据源，由项目管理员付楚将其导入华天公司年度报表审计项目（2019年）中，并对其导入情况进行存在性验证。

四、操作要求

（1）财务数据导入：利用数据准备菜单，完成把财务数据导入审计项目中的工作；

（2）业务数据导入：利用数据准备菜单，完成把业务数据导入审计项目中的工作；

（3）余额表：利用余额查询有无数据，并与企业财务电子数据核对相符；

（4）查询数据存在：利用查询按钮查询数据是否存在。

五、知识链接

（一）支撑知识

1. 财务数据导入

执行完会计流处理之后，审易软件会自动将转换所生成的数据包上传到服务器上。一般情况下，不需要单独执行财务数据上传功能。审计人员在单机环境下完成现场审计作业，回到单位后需要把财务数据上传到服务器。当分步进行会计流处理时，应该在最后完成数据上传工作。

财务数据采集完成后，可以利用本功能将数据导入审计项目中，导入的文件类型包括mdb数据文件格式（*.mdb）、DANCE压缩文件格式（*.dat）、U盘取数文本文件格式（*.dat）。

注意：mdb数据文件格式是指已经转换完毕的数据，数据包是Access数据库文件（.mdb）创建项目时会自动生成在系统默认的数据目录下（如"C：\UFSYA465\data"）。

2. 业务数据导入

该功能可将业务数据等直接引入系统中进行查询，不需通过会计流功能。

选择数据连接方式（Access或Excel、SQLserver、ODBC），选择服务器并登录，然后选择要导出的数据表，单击"导入"，可以导入数据。

在文件夹中也有许多可用的数据包，利用会计流转换工具制作好的数据文件名默认为"数据转换项目单位名＋数据起始的时间＋数据结束的时间＋.mdb"。例如：建立的数据转换项目单位名为"abc"，年度为"2012年1月1日到2012年12月31日"，那么这个项目生成的数据文件名为："abc201201201212.mdb"。

3. 科目余额表

科目余额表用于查询统计各级科目的本期发生额和余额。它可以输出某月或某几个月的所有总账科目或明细科目的年初余额、期初余额、本期发生额、本年累计发生额、期末余额等总账信息。在实行计算机记账后，余额表已经代替了总账。点击"账表查询"→"科目余额表"便可查看，还可以通过双击科目余额表中的科目名称，也能很方便地进入该科目的查账窗口，具体查账操作的快捷按钮如下：

（1）全部月份：选中其前面的复选框（单击打上对钩），则余额表按月份全年显示，将其对钩去掉，单击其后年月所在小白框的下拉按钮，可选择月份查看余额表。

（2）科目选择：单击后弹出"科目选择"窗口，选择某一科目后，再单击"快速刷新"或"标准刷新"按钮，可观看关于该科目的科目余额表。

（3）科目级次：单击其后的下拉按钮，可选择科目级次观看余额表。选择"1级"，代表看一级科目的科目余额,选择"2级",代表看二级科目的科目余额,选择"末级",则代表查看最底级会计科目的科目余额。

(4)调整显示:调整要显示的字段,审计人员可以根据需要,将不需要显示的字段去掉,或调整字段显示的顺序,方便观察。

(5)无数据不显示:选中其前面的复选框(单击打上对钩),则余额表只显示有经济业务发生的科目余额,无经济业务的科目余额不显示。

4. 综合查询

综合查询是审易软件的一个重要审计工具。通过设置组合条件,可以对不同审计项目、不同数据库(凭证库、科目库、年初数、分类账、明细账等)反复进行深度查询,直至抽查凭证,以查找审计线索,确定审计疑点。

1)了解查询界面

单击快捷按钮"查询",打开"综合查询"窗口,通过单条件或多条件组合,实现使用者对数据库(凭证库、科目库、年初数、分类账、明细账等)的查询。"综合查询"窗口分三个工作区:项目列表区、数据库列表区、查询区,利用区和区之间的控制条可以收缩或展现工作区。

(1)项目列表区。

"综合查询"窗口最左侧是项目列表区,当要对多个审计项目进行查询时,可以选中"多项目查询"复选框,打开项目列表区,可快速地在项目列表区选择其中一个项目,系统默认针对当前打开的项目进行查询操作。项目列表区顶端的"快捷功能组"按钮有"科目库""余额表""查账"三个下拉菜单项,分别用于打开"科目表""余额表""查账"窗口,以便协助查询工作。

(2)数据库列表区。

项目列表区右边是数据库列表区,用于选择被查询的数据库,审易软件查询的账务数据库如表2-8所示。利用鼠标右键菜单,可以根据所选择的项目刷新数据库列表或删除不准备查询的数据库。

表 2-8 审易软件查询的账务数据库

类别	账务数据库
转入库	凭证库、作废凭证库、科目库、年初数、存货库、往来账、大项目、客户往来明细库、供应商往来明细库、个人往来明细库、部门往来明细库、项目往来明细库、明细项目
计算库	分类账、明细账、产成品汇总库、财务报表、经济指标、收入支出明细库、收入支出汇总库、分类账——借贷分汇
审计抽样	PPS抽样1、PPS抽样2
审计调整库	调整余额表、审计分录明细、重分类明细、调整分录来源
辅助账余额表	辅助账科目余额表、辅助账项目余额表
分类明细账	101现金、102银行存款、112应收票据……560调整以前年度损益,等等
分类往来明细账	113应收账款、119其他应收款、203应付账款、208预收账款

（3）查询区。

"综合查询"窗口右侧是查询区，是实施查询审计的主体，包含四个子区。上部是查询结果区，用不同的选项卡显示多次查询的列表；当选项卡很多时，利用鼠标右键菜单可以翻看或关闭选项卡。其中，最左面的选项卡显示被查询数据库的原始内容，如单击"转入库"下的"年初数"数据库，显示在查询结果区的"年初数"选项卡不能关闭。双击疑点分录，可以打开"记账凭证"窗口；通过鼠标右键菜单可以做进一步处理，如可以把查询结果按字段标题排序，发送到工作底稿等。查询结果区下方是审计工具陈列区，它位于查询区的中间。当用鼠标左键单击菜单上的"执行查询"按钮时，则窗口右侧会多出分页，并显示相应的查询结果。比如要查询凭证库，则显示"凭证库1次查询"结果。审计工具陈列区用于执行查询或控制查询结果的显示方式。审易软件查询功能控制按钮如表2-9所示。

表2-9 审易软件查询功能控制按钮

名称	功能
多项目查询	跨项目进行多项目内容查询（选中该项后，会在窗口左侧自动列出系统中的项目）
执行查询	当查询条件确定好后，可单击该按钮执行查询任务
当前页中查询	在当前显示的查询结果中进行再次查询（多次查询）
调整显示	调整当前显示项（是否显示某项、是否排序、按什么项排序）
自动列宽	是否自动计算并调整各项的宽度
同张凭证	单击选中其前面的空白框，查询出的结果以同张凭证方式显示，蓝线之间为同一张凭证（凭证日期与凭证编号均相同），通过这个功能可以方便地看到对方科目

审计工具陈列区下方为查询条件设置区和字段设置区，字段设置区帮助审计人员完成查询条件设置。

2）右键菜单

综合查询工具中的鼠标右键菜单项包括排序、区域求和、分类汇总、相关数据、输出/打印、显示方式、全选、复制、发送至底稿、另存疑点库、另存中间库、发送至图形、任意抽样。

（二）拓展知识

1. 数据采集

审计人员进行审计作业之前，需要先对被审计单位的财务数据进行数据采集。数据采集是指取得被审计单位的财务电子数据，并将其转换为Access数据库（.mdb），为数据转换准备数据源。

单击"审计准备"菜单中的"数据采集"菜单项，弹出数据采集界面，用友审易双模取数工具如图2-41所示，数据采集分为自动采集和手工采集两种采集方式。

审易软件配套的数据采集工具——审易软件取数工具如表2-10所示，允许从Sybase、SQL Server、Oracle数据库直接采集数据，其他类型的数据库可以使用通用取数工具通过ODBC连接采集数据。除此之外，审易软件还支持对文本文件的数据采集。

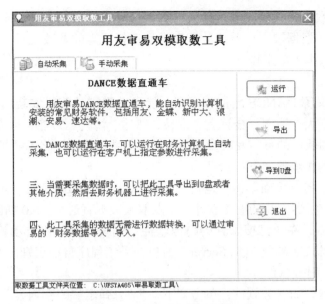

图 2-41　用友审易双模取数工具

表 2-10　审易软件取数工具

分类	取数工具	说明
单机文件型数据库处理	文本文件	经过文本文件预处理、导入 Access、Access 结果处理等步骤，采集并生成 Access 数据库文件
	单机版财务数据文件查找	根据不同的财务软件，在财务机器中搜索财务数据库文件
通用取数工具	ODBC 数据导出	通过 ODBC 数据源与财务数据库连接，采集并生成 Access 数据库文件
Sybase 系列	Sybase 取数工具	通过网络与财务数据库（Sybase）连接，或直接选择要导出的 Sybase 单机数据库（.db），采集并生成 Access 数据库文件
SQL Server 系列	SQL Server 备份取数	将 SQL Server 数据库备份文件，导出生成 Access 数据库文件
	SQL Server 取数	通过网络与财务数据库（SQL Server）连接，采集并生成 Access 数据库文件
	SQL Server 附加数据库取数	将 SQL Server 数据库原始文件（.mdf），导出生成 Access 数据库文件
	审易 SQL Server 大数据直导	将 SQL Server 财务数据原样复制到审易项目库中，在查询界面树图中单击鼠标右键刷新，即可看到导入的数据，并进行查询等操作
Oracle 取数工具	Oracle 取数工具	通过 ODBC 数据源与财务数据库 (Oracle) 连接，采集并生成 Access 数据库文件
	Oracle 版 NC 取数	

通常情况下，是由被审计单位按要求向审计人员提供电子财务数据的备份文件，审计人员拿到电子数据后在自己的机器上利用审易取数工具完成数据采集工作。如果条件允许，审计人员也可以直接在被审计单位财务数据所在机器上安装审易软件，然后通过审易软件的数据采集工具，直接在财务机器上完成数据采集。在审易软件安装之后的系统目录下，

有审易软件配套的数据采集工具。审计人员可以拷贝审计取数工具目录及其所有文件,并携带到被审计单位,根据被审计单位数据库类型选择适当的取数工具,直接在存放财务数据的服务器中完成数据采集工作。

1)自动采集

自动采集程序又称 DANCE 数据直通车,能自动识别计算机安装的常见财务软件,包括用友、金蝶、新中大、浪潮、金算盘、安易、速达、博科、万能、远光、降龙99、山经、管家婆等,随着我国软件的不断发展,自动识别采集数据的范围将不断扩大、不断完善。

自动采集程序操作步骤如下:

(1)在"自动采集"页面单击"运行"按钮,即可启动 DANCE 数据直通车,运行后,程序会自动扫描当前机器安装的财务软件,用友双模数据直通车 V3.0 如图 2-42 所示。

(2)扫描结束后,在"已搜索到的财务软件"列表里列示出自动识别出的财务软件,如图 2-43 所示为用友 U8 V8(SQL Server)窗口,采集程序自动识别出本机安装了用友 U8 V8.X(SQL Server)财务软件。

(3)选定已搜索到的财务软件,单击"下一步",弹出"账套列表"及"年度列表"窗口,如图 2-43 所示。

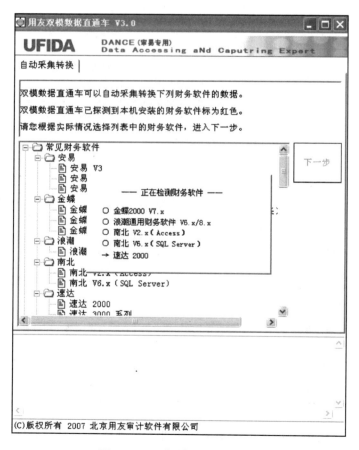

图 2-42 用友双模数据直通车

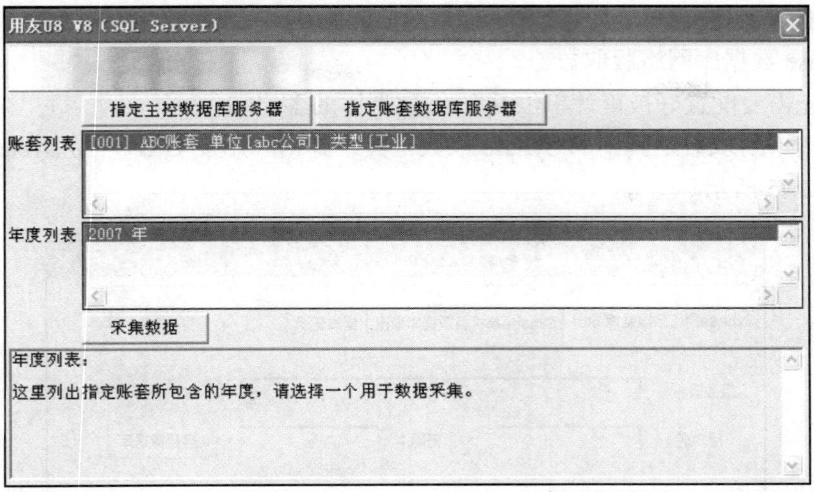

图 2-43 用友 U8 V8（SQL Server）

（4）选定拟采集的账套数据，单击"采集数据"按钮，程序开始采集数据，数据采集完毕后，弹出消息框，提示采集的账套数据存放的位置及文件名。

（5）数据采集完成后，即可使用财务数据导入功能，将账套数据导入打开的项目中。

2）手动采集

若不能自动识别出账务软件，可以使用手动采集方式。在取数工具的主页面单击"手动采集"，弹出用友审易双模取数工具，如图 2-44 所示。

手动采集支持的数据库包括 Sybase 数据库、SQL Server 数据库、Oracle 数据库等多种数据库，用户在实际应用时，可按"导出"键将某取数工具导出到指定位置，或按"导到 U 盘"键，直接导出至 U 盘。

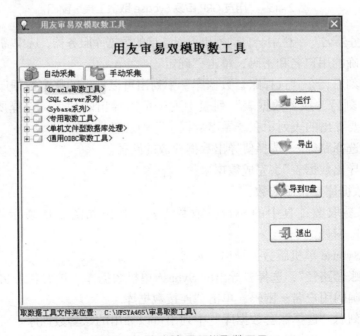

图 2-44 用友审易双模取数工具

2. 常用取数工具

1）Sybase 数据库网络版取数

（1）首先需要配置好被审计单位 Sybase 数据库的客户端。

（2）单击审易取数工具中的 Sybase 取数工具，弹出"用友 GRP 审易 Sybase 取数工具"窗口，如图 2-45 所示。

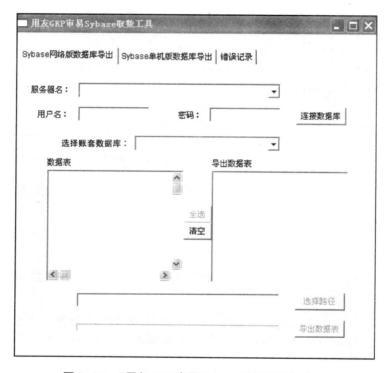

图 2-45 "用友 GRP 审易 Sybase 取数工具"窗口

（3）在"服务器名"一栏中会自动列出可以连接的数据库服务器，选中需要连接的服务器。

（4）输入正确的用户名和密码，单击"确定"。

（5）稍等片刻后，在"选择账套数据库"中列出可以导出的账套数据库。

（6）稍等片刻后，在"数据表"列表中列出可以导出的列表，选择要导出的数据表，也可全选导出，要导出的表列示在"导出数据表"列表里。

（7）单击"选择路径"，选择要导出数据存放的路径。

（8）单击"导出数据表"，完成数据采集。

2）Sybase 数据库单机版取数

（1）单击审易取数工具中的 Sybase 取数工具，弹出如图 2-45 所示"用友 GRP 审易 Sybase 取数工具"窗口。

（2）选择"Sybase 单机版数据导出"页签。

（3）单击"账套路径"，选择要导出的 Sybase 单机数据库（扩展名为 .db）。

（4）输入正确的用户名、密码，单击"连接数据库"。

（5）稍等片刻后"选择账套数据库"中列出可以导出的账套数据库。

（6）稍等片刻后，"数据表"列表中列出可以导出的列表，选择要导出的数据表，也可全选导出，要导出的表列示在"导出数据表"列表里。

（7）单击"选择路径"，选择要导出数据存放的路径。

本程序单机版会自动导出到系统自动创建的 .dbf 文件，其文件路径为"选择的路径\数据库文件名不加扩展名\表名 .dbf"。例如：账套数据库为"D:\MyServer.db"，要导出的数据表名为"abc"，要将数据导出的路径为"D:\Mydbf"，那么导出的"dbf 文件"存在路径为"D:\Mydbf\MyServer\abc.dbf"。自动创建的".dbf 文件"存在路径为"选择的路径\数据库名\表名 .dbf"。

3）SQL Server 数据库备份取数

（1）首先，计算机上必须装有 SQL Server 或 MSDE。

（2）选择"SQL Server 备份取数"，弹出"审易 SQL Server 数据备份取数（U8 及其他备份文件夹）"窗口，如图 2-46 所示。

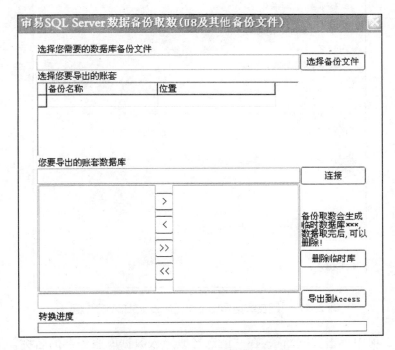

图 2-46　SQL Server 数据备份取数

（3）单击"选择备份文件"，如果有密码，将弹出输入密码对话框，提示输入正确的密码。

（4）在弹出的"选择文件"对话框中选择要导出数据的备份文件。

（5）在"选择您要导出的账套"列表中选择要导出的数据备份，选择之后的备份将显示在下面"您要导出的账套数据库"文本框中。

（6）单击"连接"后，在左边列表中显示可以导出的数据表。

（7）选择要导出的数据表到右边列表中。

（8）单击"导出到 Access"，在弹出的窗口中输入文件名。

（9）选择"确定"后，开始导入数据。

执行 SQL Server 备份取数的计算机上必须装有 SQL Server 或 MSDE。选择备份文件后，如果该备份文件有密码,则会弹出对话框,提示输入正确的密码。备份文件的数据量很大时,单击"连接"之后,可能需要较长的时间。

4) SQL Server 取数

(1) 首先,计算机上必须装有 SQL Server 或 MSDE。

(2) 选择"SQL Server 取数",弹出"用友数据导出工具(MSSQLSERVER)"窗口,如图 2-47 所示。

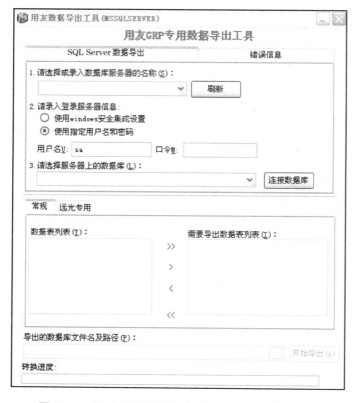

图 2-47 "用友数据导出工具(MSSQLSERVER)"窗口

(3) 在第 1 项中单击"刷新",在"请选择或录入数据库服务器的名称"下拉菜单中选择或录入数据库服务器的名称。在初始化时数据库服务器的名称列表中的值为"local",这个选项代表的是本地数据库的默认名称。

(4) 添入数据库的用户名和口令。在第 2 项中选择"使用 windows 安全集成设置"或"使用指定用户名和密码",一般选择后者,MSSQLSERVER 默认的用户为"sa",口令为空。

(5) 在第 3 项的下拉列表中选择服务器中的数据库,单击"连接数据库"。

(6) 在下面左侧的"数据库列表"将列出数据库列表。

(7) 选择需要导出的数据库,或者选择双箭头,则要导出的数据库将显示在右侧列表中。

(8) 选择导出数据库文件名及路径,并开始导出。

5) SQL Server 附加数据取数

SQL Server 数据库附加数据文件一般有两个:一个后缀名为"*.mdf",另一个为"*.ldf",

这时需要的是后缀名为"*.mdf"格式的文件。

（1）首先，计算机上必须装有 SQL Server 或 MSDE。

（2）选择"SQL Server 附加数据库取数"，弹出"审易 SQL Server 附加取数工具"窗口如图 2-48 所示。

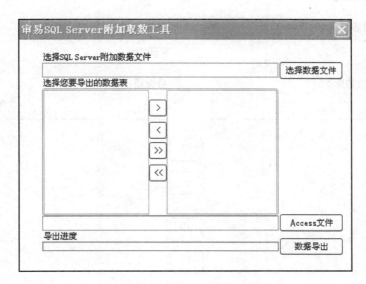

图 2-48　SQL Server 附加取数工具

（3）单击"选择数据文件"，这时如果数据库服务器 SQL Server 或 MSDE 有密码，系统会提示输入密码。然后选择要导出的 *.Mdf 文件。

（4）在左侧列表中显示了可以导出的数据表。

（5）选择要导出的数据表显示在右边列表中。

（6）单击"Access 文件"，输入文件名。

（7）选择"确定"后，系统即新建一个目标 Access 库。

（8）单击"数据导出"，开始导出数据。

6）SQL Server 大数据直导

大数据直导可以将 SQL Server 数据库中的业务数据不经处理直接搬入审易软件进行查询。

（1）选择"审易 SQL Server 大数据直导"，弹出"用友 GRP 审易导入项目（DTS）"窗口，如图 2-49 所示。

（2）选择要导入的源数据库服务器（财务服务器）名称，如果在"服务器名"列表中没有要找的数据库，请手动输入。

（3）填入源服务器登录信息：用户名及密码。

（4）单击"源数据库"下拉列表，会出现服务器上的所有数据库，请选择其中一个。

（5）在"目标项目库"中选择要导入的项目。

（6）在左边列表栏中显示所有的数据表，选择要导入的数据表。

（7）单击"导入"，开始导入数据。

图 2-49　用友 GRP 审易导入项目（DTS）

使用此工具之前，要确定计算机上有被审易软件初始化过的 SQL Server 数据库，此工具可以将 SQL Server 财务数据原样复制到审易项目库中，在查询界面中单击右键刷新，即可看到导入的数据，并进行查询等操作。

7）Oracle 数据库取数工具

本软件需要在取数的机器中安装 Oracle 的 ODBC 驱动，需要知道如何利用 ODBC 连接 Oracle 的数据库。

（1）单击审易取数工具中的 Sybase 取数工具，弹出如图 2-50 所示"用友 GRP—审易 Oracle 数据库导出工具 1.0"窗口。

（2）在客户机器有连接数据库服务器 ODBC 数据源的情况下，在"选择 ODBC 数据源"下拉列表中选择；如果没有相应的数据源，单击"新建数据源"按钮建立。

（3）录入相应连接数据库的用户名和口令，并单击"连接数据库"。

（4）在"正常导入"页签里会出现当前用户所有的数据库表名，然后把相应的表名选到"需要导出数据表列表"中。

（5）在"导出的数据库文件名及路径"中选择开始建立好的空的 Access 数据库，单击"开始导出"按钮即可。

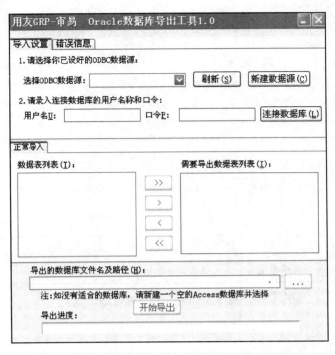

图 2-50　用友 GRP—审易 Oracle 数据库导出工具 1.0

8）通用取数工具

通用取数工具可以通过用户手动建立的 ODBC 数据源导出数据。

（1）在"选择 ODBC 数据源"下接列表中选择数据源，如果数据源可以连通，右边列表框将列出可以导出的数据表列表。

（2）用户可以把需要的数据表选入左边的列表框。

（3）单击"导出"，软件提示输入导出数据的存放位置，可以自由命名。

（4）单击"确定"，等待数据导出完成，如图 2-51 所示。

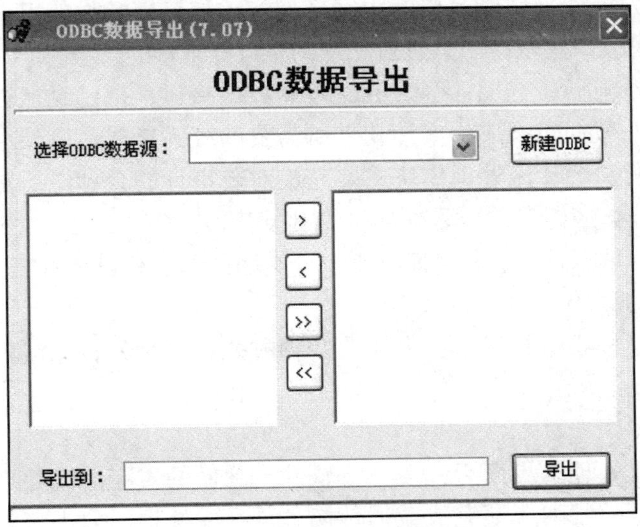

图 2-51　ODBC 数据导出

3. 数据转换

1）数据转换的应用

审计项目建好之后，如果数据采集工作已经完成，审计人员需要将数据转换为审易软件的数据格式，以方便审计作业。数据转换既可以通过"数据准备"→"数据转换"来完成，也可以直接利用"审计准备"→"数据接口"来完成。在完成过程中，要根据数据来源和类型正确选择模板，做好链接工作。下面以系统自带的项目——五金公司数据源来说明数据转换的应用。

（1）新建并打开项目，进入五金公司审计项目。

（2）单击主菜单"数据准备"→"数据转换"，弹出"会计流处理系统"窗口，如图2-52所示。

图 2-52 会计流处理系统

（3）选择模板名称，可以在"数据转换模板"下拉列表中选择，也可以单击下拉列表左端的按钮"浏览"，在弹出的"模板管理"窗口中选择，如选择"用友7.0"模板，选择完毕，单击窗口中的"确定"按钮。

（4）单击窗口中的"数据连接"，或"数据转换"下拉菜单中的"数据连接"，在弹出的窗口中设置数据源。

（5）单击"路径浏览"，选取相应数据文件"C:\UFSYA465\user\五金公司数据.MDB"。单击"测试"，显示"数据设置正常"提示，关闭窗口。对于被审计单位的数据，审计人员只需要找到数据存放的地方就可以。

（6）单击"会计流处理"按钮，即可进行数据转换工作。

单击"会计流处理"按钮后，系统会把将要审计的会计电子数据，由被审计单位的五花八门格式转换成为审计软件所需要的固定格式。经过这样转换的电子数据，审计人员就可以浏览、查阅，可以采用审计工具进行相应的审计作业。

会计流处理是指根据所选用的会计流模板和数据接口，把已经从被审计单位采集到的各种各样的电子财务数据转换成为审计软件所需要的统一格式，以便利用审计作业工具进行审查、测试和分析。会计流处理模块主要完成对要审计的会计电子数据的采集、格式转换、科目库处理、分类账处理，最后再自动生成报表。

这个功能模板由数据转换、科目库处理、分类账处理、科目余额表四个子模块构成。

2）数据转换模板操作方式

对会计数据转换模板进行操作，大体分两种方式：一种是自动流程式，另一种是分步进程式。

（1）自动流程式。

当进入"会计流处理"界面后，按一下软件主画面的"会计流处理"按钮，审易软件就会自动运行，而且一气呵成地完成数据转换、科目库处理、分类账处理等作业，并得到科目余额表和账表。会计流处理流程如图2-53所示。

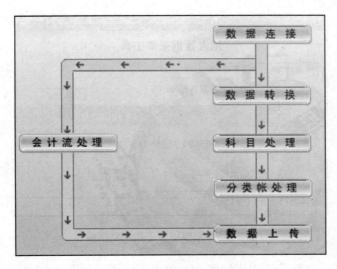

图 2-53　会计流处理流程

（2）分步进程式。

会计流处理也可以分步做，分为数据转换、科目处理、分类账处理三个环节，每一环节都可以单步执行或多步执行。分步执行一般用于模板制作和模板调整。

会计流处理工具以流程化的方式展现了数据转换的基本操作步骤，包括选择会计流模板、确定数据连接接口、执行数据转换、执行科目库处理、执行分类账处理、进行数据上传。其中，后四步可以统一由"会计流处理"按钮来完成。在会计流处理过程中，系统会自动进行检查。如果发现异常，系统会发出提示，要求审计人员进行处理。比如，按月汇总时，如果系统发现项目的会计期间（如 20120101—20121231）与凭证库中的年度（如2011）不符，系统将提示是进行调整还是忽略。会计流处理也可以分步完成，单击"数据转换""科目处理""分类账处理"按钮，分别打开相应的处理窗口，然后单击"单步执行"或"多步执行"，做相应的处理，这些操作一般用于模板制作和调整。除"abc 演示账套"外，对于其他财务数据，学习版只能转换前三个月的数据。

六、技能训练

（一）数据自动采集

要完成数据自动采集，要先检查电脑中的财务软件，如果电脑上有相应的财务软件，才可以进行操作。

（1）将 U8 财务数据备份导入用友审易财务软件中，U8 财务数据备份文件如图 2-54 所示。

图 2-54　U8 财务数据备份文件

（2）单击"数据准备"→"辅助采集转换工具"→"自动采集"，或者利用流程导航，打开"用友数据采集工具"窗口，单击自动采集中的"运行"，如图 2-55 所示。

图 2-55 双模取数工具自动搜索

（3）单击"是"，选择检索出来的账套，单击下一步，如图 2-56 所示。

图 2-56 双模取数工具自动搜索的结果

（4）选中账套年度，单击"采集数据"，最后单击"确定"完成。完成之后，到相应路径找到已经生成的数据源，如图 2-57 所示。如果电脑没有财务软件，可以直接用电子资源中的数据源进行下一步操作。

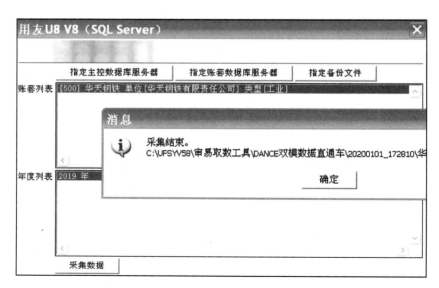

图 2-57 双模取数工具自动采集结束

（二）财务数据导入

（1）选择"审计准备"中的"财务数据导入"，选择母公司后，单击"添加数据"按钮，会弹出如图2-58所示"财务数据导入"窗口，选择拟导入的数据文件。

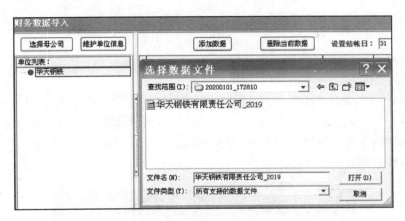

图2-58 财务数据导入

（2）选定完毕后，单击"开始导入"，系统即开始将数据导入当前项目中。

（3）数据导入完成后，系统弹出"数据上传完成"提示，单击"确定"按钮，数据导入完成。

（三）业务数据导入

该功能可将业务数据等直接导入系统中进行查询，不需通过会计流功能。

（1）选择数据连接方式（Access、Excel、SQLserver 或 ODBC），选择服务器并录入用户名和密码，然后选择要导出的数据表，单击"导入"，"导入数据"界面如图2-59所示。

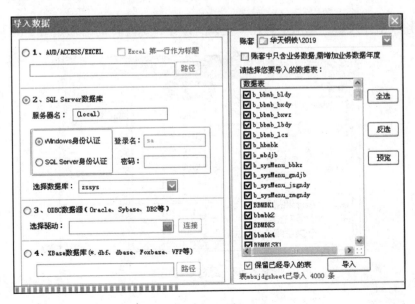

图2-59 "导入数据"界面

（2）数据导入完成如图2-60所示。

图 2-60 数据导入完成

（四）综合查询

通过单条件或多条件组合，可实现使用者对数据库（凭证库、科目库、年初数、分类账、明细账等）的查询，综合查询如图 2-61 所示。当用鼠标左键单击菜单上的"执行查询"按钮时，窗体右侧会多出分页，并显示相应的查询结果。

（1）业务数据导入前，单击工具栏"查询"按钮。

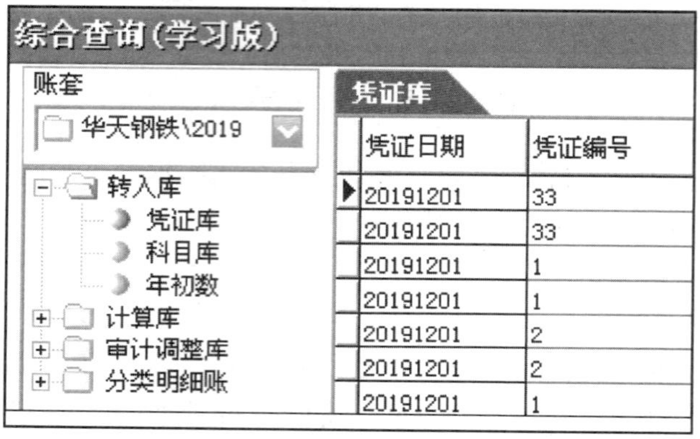

图 2-61 综合查询

（2）业务数据导入后，单击工具栏"查询"按钮，综合查询结果如图 2-62 所示。

图 2-62 综合查询结果

（五）查询余额表

（1）单击工具栏的"余额"按钮，打开华天公司 2019 年度科目余额表，看是否存在数据，查询余额表结果如图 2-63 所示。

（2）如果存在数据，找到华天公司提供的电子数据或纸质数据表，与之核对相符；如果不存在数据，重新导入数据到审计项目中。

图 2-63 查询余额表结果

七、课后拓展

请利用教材提供的电子数据源以及自己以前导入的课程数据源，根据电脑所具备的环境，练习所有能够实现的数据准备任务菜单。

2.2.2 数据校验

一、活动描述

在审易软件中，对转换来的被审计单位的财务数据要进行有关的检测，以验证导入数据完整无误，具体包括数据平衡检验、凭证断号检测、标准科目对应。

二、单元目标

【知识目标】

（1）掌握数据校验的基本概念；
（2）掌握数据校验的基本流程；
（3）掌握数据校验的基本操作规范。

【技能目标】

（1）能够对数据导入转换结果的正确性进行有效验证；
（2）能够完成凭证业务完整性的初步检查；
（3）能够与审计项目模板中的科目一一对应。

【素质目标】

（1）培养学生对会计科目设计创新的能力；
（2）培养学生谨慎务实的职业能力。

三、情景导入

项目管理员付楚已经将数据导入华天公司年度报表审计项目（2019年）中去，请对其导入情况进行存在性和正确性验证和校对。

四、操作要求

（1）数据平衡检验：对审计项目中的数据与企业数据核对，检验其正确性；
（2）凭证断号检测：检测导入的记账凭证是否有断号的情况；
（3）标准科目对应：将审计项目模板科目与企业财务数据科目一一对应。

五、知识链接

（一）标准科目对应

标准科目对应是指将被审计单位的会计科目与会计制度的标准科目进行对应，分为自动对应和手动对应两种。标准科目对应有两个功用：其一可检查被审计单位会计科目设置的规范性；其二用于会计分录及账户分析模型中，因模型的建立是按标准科目体系建立的，因此建立好被审计单位会计科目与标准科目的对应关系后，即使被审计单位的会计科目设置不规范，通过科目对应后也可将非规范的会计科目视为标准会计科目进行查询、分析等。

（二）会计制度的标准科目表

财务软件中的会计科目与建账时所选用的行业制度有关，本账套资源选择的是2007年会计制度科目，会计科目已经按照2019年的新准则变化做了修改，包括相关税率，如增值税一般税率修改为13%，审计软件会计科目建立项目时已经选择。

六、技能训练

（一）数据校验

数据校验功能用于检测财务数据余额表、上下级及凭证借贷之间的平衡关系。

选择菜单"数据准备"→"数据校验"，选择"审查"，列示出审查结果。若数据经检测平衡，则在结果处显示"平衡"字样；若数据经检测出现不平衡的情况，会在结果处显示"不平衡"，如图2-64所示。

图 2-64 数据校验

（二）凭证断号检测

凭证断号检测功能用于检测导入的会计凭证有无断号现象，以验证采集的数据是否完整，单击数据准备菜单中的"凭证断号检测"子菜单，进行如下操作：

1. 设置规则

设置规则如图 2-65 所示。

因不同的财务软件凭证编号的规则不同，因此在校验时允许审计人员选择或自定义编号规则，凭证的编号规则可包括任意字词，但序号必须存在，其中"&"代表数字。

2. 开始检测断号

开始检测断号如图 2-66 所示。

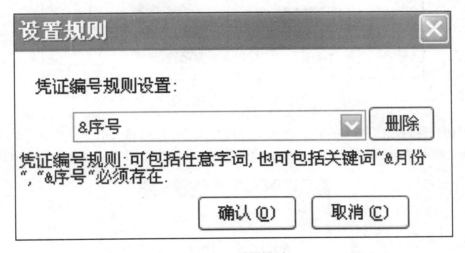

图 2-65　设置规则

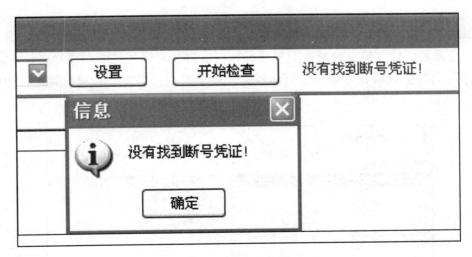

图 2-66　开始检测断号

（三）标准科目对应

（1）选择菜单"数据检测"→"标准科目对应"，弹出"标准科目对应"窗口，左侧"标准科目"为审易软件科目，右侧"被审科目"为财务软件科目，如图 2-67 所示。

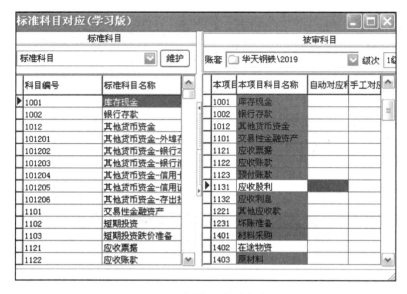

图 2-67 标准科目对应窗口

（2）选择科目级次为"一级"，在窗口左侧上面"标准科目"中选择被审计单位适用的会计制度，然后单击"自动对应"；若已做过对应，将弹出如图 2-68 所示的信息对话框。

图 2-68 信息对话框

（3）确认重新做对应，单击"是"，出现自动对应结果。

（4）自动对应后，被审计单位的部分会计科目可能未能与标准会计科目自动对应上，这大部分是因为会计科目命名不规范所致，未自动对应，需要手动对应科目，如图 2-69 所示。

图 2-69 手动对应未对应科目

(5) 维护标准科目。

① 如将 "委托贷款" 命名为 "债权投资"，这时可通过手动对应解决其对应关系。

首先将光标定位于右侧窗口拟手动对应的被审计单位会计科目，然后用鼠标单击左侧窗口的标准科目，此科目的手动对应即完成，并将对应的标准科目的名称显示于 "手动对应科目" 栏内，如图 2-70 所示。

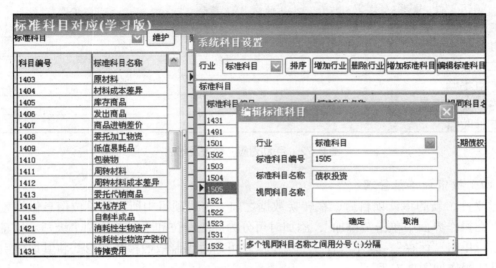

图 2-70　维护标准科目

② 增加标准科目编号 "1506" 和标准科目名称 "债权投资减值准备"，之后，再次单击 "自动对应"，如图 2-71 所示。

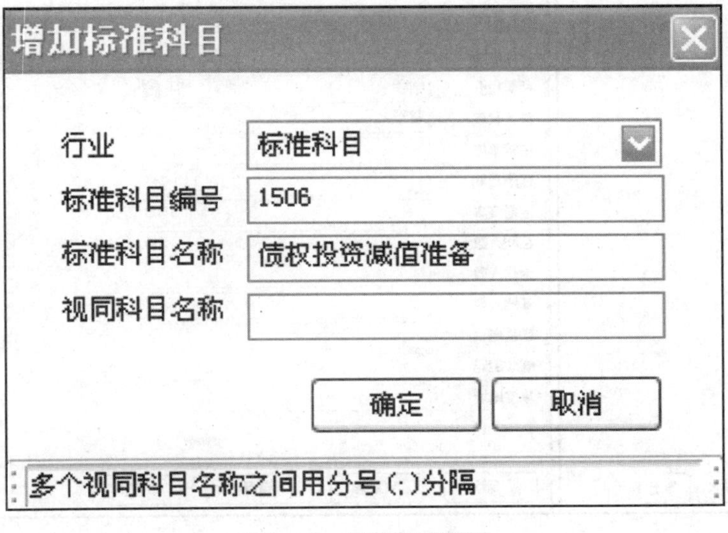

图 2-71　增加标准科目

(6) 手动对应 "税金及附加"。选中被审计科目 "税金及附加"，手动对应所在单元格，双击审易软件标准科目 "税金及附加"，则完成对应。其他为对应科目没有发生额和余额，可以不对应，如图 2-72 所示。

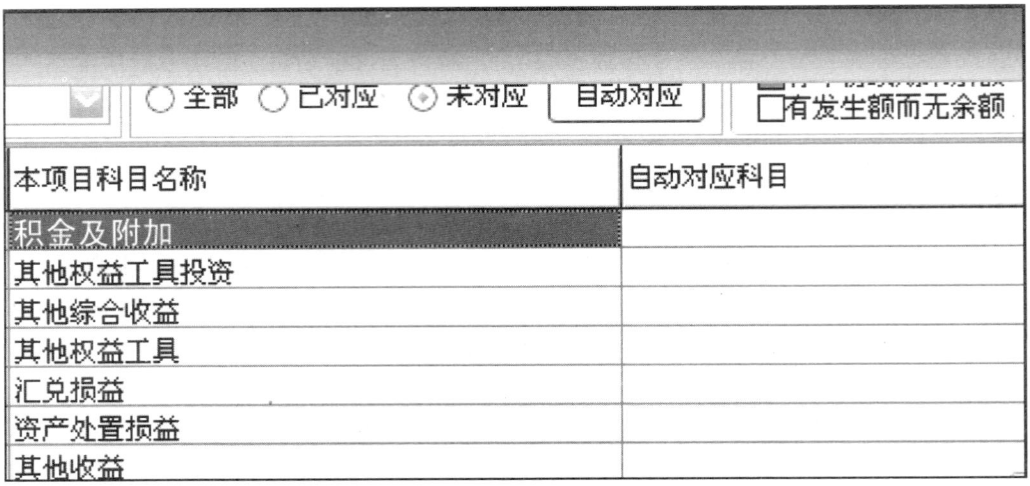

本项目科目名称	自动对应科目
税金及附加	
其他权益工具投资	
其他综合收益	
其他权益工具	
汇兑损益	
资产处置损益	
其他收益	

图 2-72　手动对应"税金及附加"

（四）被审计单位管理

建立一个新的审计项目后，在转换数据之前，需对项目中所属的单位信息做初始设置工作。在操作界面中单击"添加"，添加时可分为同级单位和下级单位两个级别。信息添加完成后，单击"保存"。另外，有一些单位信息可通过编制取数模板的形式将其取值引用过去，具体操作如图 2-73 所示。

图 2-73　被审计单位管理信息管理

（五）录入凭证图片

（1）单击"数据准备"→"凭证图片录入"，选择记账凭证后，单击"录入"，找到凭证图片后打开，如图 2-74 所示。

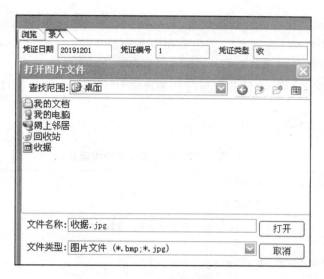

图 2-74 凭证图片录入

（2）凭证图片导入成功，可以通过综合查询凭证库查询，如图 2-75 所示。

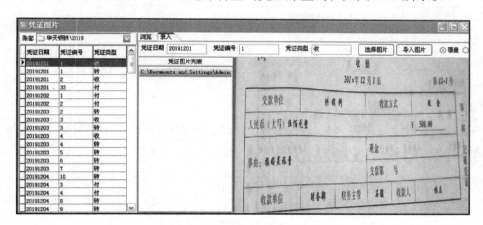

图 2-75 凭证图片录入成功

（3）请将数据资源中提供的原始凭证导入系统中。

七、课后拓展

（1）请讨论收集 2019 年度会计准则、税法最新政策，特别是会计科目和税率的变动，形成文件集，把你认为在审计过程中经常用到的其他法规也导入系统法规库。

（2）请结合课程网站，画出信息化审计准备流程图，以备讨论交流。

2.2.3 控制测评

一、活动描述

审易中的内控测评功能，为审计人员提供了一个进行内部控制测试评价的工具。该功能通过评价计分的方法对被审计单位的内控控制设计和执行情况进行测试和评价，可按经济业务循环设置树状测试点，其最多可支持到九层。除系统内置测评模板外，还支持用户自由定义需测评的关键控制点,并支持将其存储为模板。内控测评分为内控调查和内控测试两部分,操作结果自动汇总评价,并生成相应底稿。

(一)控制测评模板项目

包括销售与收款循环审计、采购与付款循环审计、生产与存货循环审计、货币资金审计模板4个项目。

(二)货币资金内控调查表(表2-11)

表2-11 货币资金内控调查表

调查内容	是否适用	调查结果	备注
货币资金			
银行账户(含银行汇票存款、银行本票存款、外埠存款、信用证存款、外币存款)开立是否有规定的审批手续			
货币资金收付业务的出纳、审核,与记录的职务是否相互分开			
银行票据与有关印章保管的职务是否相互分开			
登记银行存款日记账、现金日记账、其他货币资金明细账与登记总分类账的职务是否分开			
记账凭证与原始凭证的核对是否由稽核人员进行			
银行存款日记账与银行对账单是否及时进行核对			
是否按月编制银行存款调节表,未达账项是否得到检查			
外币存付款是否采用复币记账法,月末是否按规定计算汇兑损益			
收付凭证是按顺序连续编号			
货币资金收付款业务的发生,是否经有关业务主管或领导批准,并经授权人经办			
出纳是否根据审核无误的会计凭证登记银行存款日记账、现金日记账和其他货币资金明细账			
办理结算业务后的结算凭证是否加盖"收讫"或"付讫"戳记			
作废支票及其他银行票据是否加盖"作废"戳记			
库存现金是否由出纳专门保管,出纳工作是否定期进行轮换			
库存现金是否在稽核人员监督下定期进行盘点			
是否采取措施限制非出纳人员接近现金			
外埠存款支用及收回是否有规定的审批手续			
对信用卡等有价证券有无管理规定			

(三)货币资金内控测试表(表2-12)

表2-12 货币资金内控测试表

测试目标	弱点分析
货币资金	
通过实地检查现金,确定账上记录金额确实存在	现金:存在
确认现金确实属于华天公司所有	现金:权利和义务

续表

测试目标	弱点分析
通过检查华天公司有无未入账的现金，确认所有现金都已经入账	现金：完整性
确认现金金额是否准确	现金：计价和分摊
确认货币资金在资产负债表上的披露是否恰当	现金：计价和分摊

二、单元目标

【知识目标】
（1）掌握内控测评的模板项目；
（2）掌握内控测评的基本功能。

【技能目标】
（1）能运用内控测评功能完成具体项目的内控调查和内控测试；
（2）能自动汇总评价，并生成相应底稿。

【素质目标】
（1）培养学生的内控测评能力；
（2）培养学生的职业判断能力。

三、情景导入

审计人员了解华天公司的内部控制，评价内部控制的设计，并确定其是否得到执行。审计人员了解华天公司 2019 年的主要业务活动，对华天公司业务循环所涉及的主要账户进行内控测评。

四、操作要求

（1）登录系统：用用户的身份登录系统，对上次备份的华天项目进行恢复。
（2）打开项目：打开华天审计项目 2019。
（3）内控调查：下载模板后开始设计、生成审计底稿。

五、知识链接

（一）内控测评

内控测评是审计人员在了解了被审计单位基本情况的基础上进行的，系统提供测试内容的平台并内嵌相应不同审计情况的内控测试模板，模板框架内容包括测试目标、弱点分析、内控测试方法；另外，审计人员根据实际工作需要和审计经验还可增减测试模板内容，模板可自由维护。

（二）内控调查

内控调查主要是为了让审计人员了解被审计单位的基本情况，并指引审计人员进行下一步的审计工作，即是否需要进行内控测试还是直接进行详细的实质性测试，或者二者均做，并确定哪个轻哪个重。系统提供调查内容的平台并内嵌相应不同审计情况的内控调查模板；另外，审计人员根据实际工作需要和审计经验还可增减调查内容，模板可自由维护。

六、技能训练

模板下载和设计如下：

（1）单击"内控调查"菜单，打开"内控调查"窗口，下载模板，根据需要增加、删除，如图2-76所示。

图2-76 下载内控测试模板

（2）单击"增加表项"，选择"本级"，增加本级表项"货币资金"，将"生产与仓储"的名称修改为"生产与存货"，如图2-77所示。

图2-77 调查表

（3）设计货币资金内控调查表、测试表，通过"增加表行"功能编辑，如图2-78所示。

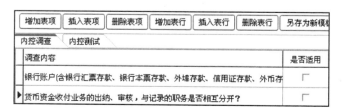

图2-78 设计内控

（4）单击"另存为新模板"按钮，将其存为"华天内控"模板，下载模板，导出数据包，如图2-79所示。

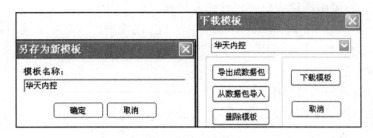

图2-79　模板保存

（5）单击"评价"进行评价，并编辑和查看内控测试结论，最后生成审计底稿，如图2-80所示。

弱点分析	是否适用	运行效果	风险评估
应付账款存在\管理费用发生\销售费用发生	✓	有效	低
应付账款计价、分摊\管理费用准确性、分类\销售费用准确性、分类	✓	较弱	中
应付账款：完整性\管理费用：完整性\销售费用：完整性	✓	无效	高

图2-80　内控测试结论

‖"温馨提示"‖

▶"增减表项"表示可增加或删除左边的内控调查表项或内控测试表项。

▶"增减表行"表示可增加和删除左边的内控调查表项或内控测试表项中的表行。

▶"另存为新模板"表示可将通过增减表行变动当前的调查表项或内控测试表项的模板内容另存为新的模板，供以后或其他项目使用。

▶"下载模板"表示引入已经存在的模板，以供当前调查使用。

▶"保存"表示保存当前内控调查或测试结果。

▶"生成调查/测试底稿"表示对记录执行的调查或测试结果可生成审计底稿。

七、课后拓展

小组讨论：根据模板中的弱点分析、测试方法及被审计单位的实际情况，指导审计人员选择内控运行结果、风险高低评估并随时进行测试记录，系统根据风险高低评估结果计算出总的风险评估结论，其结论是什么？

◆ 项目测试 ◆

一、选择题

1.系统管理员默认的用户名为（　　）。

　　A.1　　　　　　B. admin　　　　　　C. xitong　　　　　　D.2

2. 每个项目管理员只能有（　　）。
   A. 2 人　　　　　B. 3 人　　　　　C. 1 人　　　　　D. 4 人
3. （　　）的应用贯穿于整个审计作业过程。
   A. 审计测试　　B. 审计工作底稿　　C. 内控测评　　D. 审计结果
4. 在审易软件中，设置某用户为复核人在（　　）功能中进行。
   A. 用户设置
   B. 项目管理—人员分配
   C. 项目管理—工作分工
   D. 综合设置
5. 以下说法错误的有（　　）。
   A. 审计人员第一次登录审计软件后，应该修改自己的登录口令
   B. 登录审易时可不必选"项目名"，可在作业界面打开已有项目或创建新的项目
   C. 人员分配和工作分工均由系统管理员完成
   D. 普通用户不可以进行部门设置和用户管理
6. 若不能自动识别出账务软件，可以使用（　　）方式。
   A. 自动采集
   B. 半自动采集
   C. 计算机采集
   D. 手动采集
7. 项目组成员之外的普通用户可以（　　）。
   A. 删除项目
   B. 查看项目名称的列表，但不能进入项目
   C. 查阅、删改工作底稿，增删项目组成员
   D. 对项目所有工作底稿做相应的修改复核
8. 审易中的内控测评功能，为审计人员提供了一个（　　）评价工具。
   A. 项目数据测试
   B. 内部控制测试
   C. 对账测试
   D. 平衡测试
9. （　　）可以删除项目。
   A. 该项目的项目管理员
   B. 系统管理员
   C. 该项目用户
   D. 普通用户
10. 手动采集支持的数据库不包括（　　）。
    A. Sybase 数据库
    B. SQL Server 数据库
    C. DANCE 数据库
    D. Oracle 数据库

二、实验题

1. 项目建立

张某建立项目，项目基本信息如下：

项目编号：班级号+学号后两位；

项目名称：本人姓名+企业；

会计制度：工业；

模板：通用；

年度：2008年。

2. 项目维护

将系统自带项目abc20080101—20081231数据导入新建项目"本人姓名+企业20080101—20081231"中，项目管理员设为本人姓名。

打开新建项目"本人姓名+企业20080101—20081231"，单击明细账。

将"项目维护"界面包括标题栏截图放到word中，word命名为班级号+学号后两位+本人姓名，扩展名".doc"。

项目3　信息化审计实施

2020年1月10日，华天有限责任公司委托信合会计师事务所对其2019年12月财务报表进行审计，在此之前，华天公司的年报审计一直由万达会计师事务所完成。信合会计师事务所组成审计项目组针对华天公司委托的业务，与华天公进行了沟通、评价，并签订了审计业务约定书。项目组在审易系统中进行了系统基础设置，建立了华天公司2019年度审计项目，并对项目进行了管理维护，将华天公司财务数据导入审计项目中，做好了审计前的工作底稿等审计准备工作。接下来，项目组成员要利用审易基本工具完成销售与收款循环审计、采购与付款循环审计、生产与存货循环审计、货币资金审计工作。

本项目的主要内容是围绕信息化审计实施展开工作，分两个任务进行，这两个任务是审易实施工具应用和业务循环审计实验。

【学习目标】
（1）掌握内控测评的基本功能；
（2）理解模型预警工具的基本概念；
（3）掌握审计分析工具的应用以及查账的基本方法；
（4）理解疑点摘要检查，了解其他审计检查方法；
（5）理解会计报表的生成与会计指标的运用方法；
（6）学会右键菜单的相关操作；
（7）熟练应用审易实施工具完成审计实施工作；
（8）具备一定的谨慎务实的职业能力；
（9）具备一定的审计职业判断能力；
（10）具备一定的创新设计能力。

3.1　审易实施工具应用

审计实施阶段就是把一个可行的审计方案化为具体的行动，是审计工作的重要组成部分，也是体现审计信息化工具优越性最显著的阶段。本项目任务就是通过使用审计测试、预警、检查、查询、抽样、分析、账务账表等审易实施工具，掌握审计实施的基本操作方法和操作应用，为不同项目审计工作奠定实践应用基础。

【任务提出】

审计准备工作已经做好，那么，如何进一步利用审易软件开展审计实施工作呢？审易软件包括哪些审计实施工具？如何来使用这些工具呢？

【任务实施】

单元活动一（3.1.1） 账证查询。账证查询菜单包括科目余额表、分类明细账、现金日记账、银行日记账、多栏账、辅助账、账龄、询证函、凭证快速查询、凭证高级查询、凭证多年查询、余额表查询、综合查询、银行对账、科目树。

完成该任务后，学生能够使用审计查询工具查找审计线索，确定审计疑点。

单元活动二（3.1.2） 模型预警。主要阐述审易设置的三类审计模型：分录检查模型、账户分析模型和综合查询模型。审计模型的意义在于：一方面，可以复用已有的经验与方法，极大地提高工作效率和工作质量；另一方面，可以不断地将审计经验积累、复用、共享，提高审计团队的整体水平。审计人员在开始审计时，可以全部或部分调用相应的审计模型执行，对被审计单位的数据进行自动模型预警，并可通过设置将自动模型预警发现的疑点发送至审计疑点库中。

单元活动三（3.1.3） 审计检查。主要阐述帮助审计人员检查财务数据的一组检查工具，包括科目检查、凭证检查、账务账表检查、电算化内控检查等。可以对科目余额方向、科目对冲情况、会计分录摘要等进行审计检查。

单元活动四（3.1.4） 审计分析。主要阐述一个帮助审计人员做财务数据分析的一系列工具的集合，包括科目趋势分析、科目结构分析、科目对比分析、对方科目分析、摘要汇总分析、杜邦分析。审计分析是审计分析工具的运用，审计软件根据审计作业的需要，提供了各种分析工具，甚至可以利用数学模型进行经济效益分析、经济责任评价指标分析等。

单元活动五（3.1.5） 审计抽样。审计抽样可以帮助审计人员迅速、高效地检验和计算数量极大的数据和众多的会计事项，抽样类型包括PPS抽样、固定样本量抽样、停走抽样、发现抽样。

单元活动六（3.1.6） 财务报表。主要阐述审易软件提供的财务报表分析工具，它可以帮助审计人员检查报表的平衡关系，它通过设定标准报表模板及指标模板导入报表公式及指标，利用公式向导生成资产负债表、利润表等，测试平衡后可以回写到报表模板公式。

3.1.1　账证查询

账证查询菜单包括科目余额表、分类明细账、现金日记账、银行日记账、多栏账、辅助账、账龄、询证函、凭证快速查询、凭证高级查询、凭证多年查询、余额表查询、综合查询、银行对账、科目树。

一、活动描述

付楚是系统自带的abc项目的审计项目管理员，该审计项目是abc公司2008年1—12月份的数据，数据较为全面，请对该项目进行账证查询。

二、单元目标

【知识目标】

（1）了解账证查询的基本概念；
（2）掌握系统基础设置的基本功能。

【技能目标】

（1）会查询账簿；
（2）会查询凭证；
（3）会函证。

【素质目标】

（1）培养学生对账证查询的职业敏感性；
（2）培养学生谨慎务实的职业能力。

三、情景导入

内控调查完毕之后，需要利用查询工具、查账工具做进一步的审计工作，查找审计线索，确定审计疑点。只有学会各种工具的使用方法，才能够将其整体或部分审计功能运用到具体审计工作中去。那么，在信息化条件下，如何进行账证查询和函证呢？

四、操作要求

（1）登录系统：用付楚的身份登录系统；打开系统自带的 abc 项目。
（2）账表查询：查询日记账、辅助账、余额表、科目表、明细账、多栏账、账龄、函证。
（3）凭证查询：凭证快速、高级、多年查询，综合查询。
（4）银行对账：企业账、银行账及余额调节表。

五、知识链接

（一）账表

1. 科目余额表

科目余额表用于查询统计各级科目的本期发生额和余额。它可以输出某月或某几个月的所有总账科目或明细科目的年初余额、期初余额、本期发生额、本年累计发生额、期末余额等总账信息。在实行计算机记账后，余额表已经代替了总账。除了查看科目余额之外，还可以通过双击科目余额表中的科目名称，很方便地进入该科目的查账窗口，实现从余额表到明细账再到记账凭证的穿透查询、查账。

科目余额表可以展示不同的账类，如金额式、数量金额式、外币金额式、数量外币金额式，可通过复选框实现，然后，单击"计算数量金额账"，即可调出数量金额式、外币金额式、数量外币金额式的余额表，系统默认显示金额账。

2. 多栏账

有时用户可能需要将会计科目的明细账和一级科目和末级科目在一个窗口中显示，这样的账面显示方式形成多个栏次，名为多栏账，具体应用类似于明细账。

3. 辅助账

被审计单位的财务软件核算中，有一些科目的明细情况不在总账系统核算，而是在辅助核算系统核算，这样，审计人员只审查其总账系统中的数据是不全面的，还需要对某些科目辅助核算系统中的数据进行审查，因此，审易中提供了相应的辅助账检查平台，包括按科目按项目反映的辅助核算内容、按科目按项目的辅助余额表查询和按科目按项目的汇总表分析。

4. 账龄

审计人员对被审计单位的往来账进行审计时，往往需要分析往来账的账龄，根据账龄来判断往来账数据信息的真实性、合法性，而往来账的数据信息，有些单位在总账系统中核算；有些单位在辅助账系统中核算，因此账龄计算的数据来源具体包括导入系统内的多个年度的同一单位的总账或辅助账中往来款数据部分。

最终账龄结果需有账龄时间段的设置。具体时间以年为单位，并定义一年为多少天。例如定义一年为 360 天，并自定义时间段为 1 年以内、1~2 年、2~3 年、3 年以上。

部分已还数据可以通过系统自动识别并核销，计算账龄时，首先判断计算账龄截止时间点的科目余额方向是借方还是贷方，如果是借方，则触发贷方发生额与借方发生额进行核销，并按金额相等和先借先还（后借后还）的原则进行推算。部分数据核销是账龄计算前的准备工作之一。计算账龄时要滤掉被核销的数据信息后才能进行，这样计算出来的账龄会更贴近实际。如果具体的账龄计算时间天数落在某个区间内，就按该区间表示，并支持双击穿透显示某一账龄某一具体时间。例如应收 A 单位的余额 5 000 元，具体账龄为 105 天 1 000 元、760 天为 4 000 元，具体时段划分为：1 年以内 1 000 元，2~3 年为 4 000 元，当双击 4 000 元所在单元格时，会显示具体时间区间的业务明细，同时，这一区间的核销也动态地显示出来。另外，需要说明的是，账龄日期为账龄计算结束时的日期。

（二）凭证综合查询

通过单条件或多条件组合实现使用者对数据库（凭证库、科目库、年初数、分类账、明细账等）的查询。当用鼠标左键单击菜单上的"执行查询"按钮时，则窗体右侧会多出分页，并显示相应的查询结果。

"温馨提示"

查询条件介绍如下：

所有的条件都在下拉框中选取。查询条件包括"象""含""=""＞""＞＝""＜""＜＝""＜＞""长度""区间""月份""级次""pps""不象""含""空""不空"等。

➤ "="表示其左右两边完全相等，如需从分类账中查询银行存款科目一级的情况，则可让条件显示为"科目编号＝102"。

➤ "＞""＞＝""＜""＜＝""＜＞"一般是针对金额而言的，如借方金额（或贷方金额等）大于、大于或等于、小于、小于或等于、不等于某一金额。

➤ "长度"表示要查询某一字段长度为多少的记录，如要查询凭证库中科目编号为3个字符的记录，可让条件显示为"科目编号　长度　3"。"3"指的是"值"为3，下同。

▶ "区间"表示要查询符合某一区间的记录，如要查询1998年1月到2月的凭证，可让条件显示为"凭证日期区间　199801—199803"。

▶ "月份"表示动态查询某月的记录，如查询1月份的分类账，可让条件显示为"凭证年月　月份　1"，要查询最后一个月时，可让条件显示为"凭证年月 月份 - 1"。

▶ "级次"表示根据科目级次做查询，如需从分类账中查询银行存款科目的二级明细，则可让条件显示为"科目编号　象　102，and 科目编号　级次　2"。

▶ "pps"表示pps抽样，下面内容会涉及。

▶ "象"表示查询以什么字段开头的记录，如需从凭证中查询现金一级科目及其明细，则可让条件显示为"科目编号　象　101"，这时查询的结果可能包括10101、10102科目等，但都严格遵循以"101"开头。

▶ "不象"表示查询不以什么字段开头的记录。

▶ "含"表示查询包含某一字段内容的记录，意思是只要包含这一内容的记录，就都能查询出来，而不管这一内容是处在字段的开头、结尾还是中间。这个条件一般用在摘要查询中，如要查询凭证中包含"报销"字样的凭证，可让条件显示为"摘要含报销"。

▶ "不含"表示查询不包含某一内容的记录。

▶ "空"表示查询某一字段内容为空的记录。如要查询凭证中没有记录摘要的凭证，可让条件显示为"摘要空"，这时在"值"下的框中不需任何内容。

"不空"表示查询某一字段内容不空的记录。

在条件列示区中，有字段条"and/or"，其所在列是复选框，默认为打钩，打钩的意思为"and"，即"并且"，意思是条件与条件之间是并且的关系。当单击一下复选框时，就可将打钩去掉，去掉打钩的意思为"or"，即"或者"，意思是条件与条件之间是或者的关系。

当遇到复杂检索时，括号会有很好的帮助。括号要以"（"开始，以"）"结束；括号中的条件，优先级最高。在括号"（"中的第一个条件"and/or"，根据规则将放在前面。举例说明：如需查询凭证中1998年与1996年摘要含报销的凭证，则可让条件显示为"（凭证日期　象　1998 or 凭证日期　象 1996）and 摘要　含　报销"。

六、技能训练

将系统自带项目abc2008项目名称修改为"华天钢铁"2008，如图3-1所示。

将付楚设置为项目管理员后，登录打开该项目。

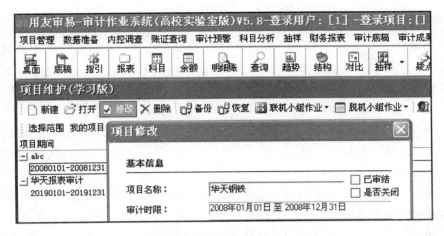

图 3-1 项目修改

（一）科目余额表查询

（1）项目管理员付楚单击"账证查询"→"科目余额表"，查询 abc 公司的余额表，如图 3-2 所示；也可以通过工具栏的"余额"查询。

图 3-2 科目余额表

（2）通过"科目""级次""月份""调整显示"等查询库存现金本年度期末余额，如图 3-3 所示。

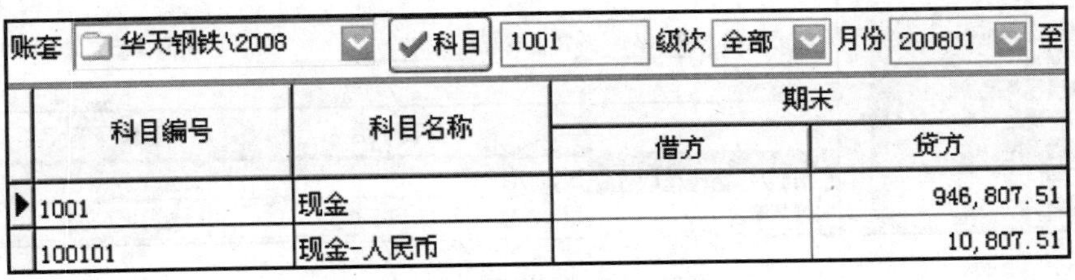

图 3-3 本年度期末余额

> **"温馨提示"**
>
> ➤ "账套"表示单击下拉菜单可以选择所属的年度余额表,主要用于数据切换,在"凭证断号检测"模块已做过介绍,就不再详细说明了。
>
> ➤ "科目选择"表示单击后弹出"科目选择"窗口,选择某一科目后,再单击"快速刷新"或"标准刷新"按钮,可观看关于该科目的科目余额表。
>
> ➤ "科目级次"表示单击其后的下拉按钮可选择科目级次观看余额表。选择"1级"是看一级科目的科目余额,选择"2级"是看二级科目的科目余额,选择"末级"则是查看最底级会计科目的科目余额。
>
> ➤ "全部"表示选中其前面的复选框(单击打上对钩),则余额表按全年显示,将其对钩去掉,单击其后年月所在小白框的下拉按钮,可选择月份查看余额表。
>
> ➤ "按月"表示选中其前面的复选框(单击打上对钩),则余额表显示某个科目的所有月份发生额和余额,将其对钩去掉,单击其后年月所在小白框的下拉按钮,可选择月份查看余额表。
>
> ➤ "调整显示"表示调整要显示的字段,审计人员可以根据需要,将不需要显示的字段去掉,或调整字段显示的顺序,方便观察。
>
> ➤ "无数据不显示"表示单选中其前面的复选框(打上对钩),则余额表只显示有经济业务发生的科目余额,无经济业务的科目余额不显示。

(二)分类明细账查询

(1)项目管理员付楚单击"账证查询"→"分类明细账",查询 abc 公司的明细账,如图 3-4 所示;也可以通过工具栏的"明细账"按钮查询。

(2)穿透式查询。选择某科目后,在账簿中所在行双击,可以实现从某科目的总账到明细账,从明细账再到其相关凭证的三级跳转查询。

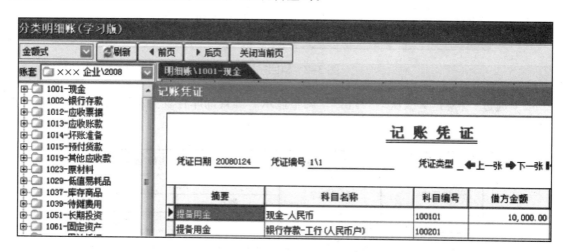

图 3-4 分类明细账查询

(三)日记账查询

(1)单击"账证查询"→"现金日记账",打开现金日记账;单击"账证查询"→"银行日记账",打开银行日记账。

(2)双击某一行的任何一处,可以进一步打开该行记录的具体凭证查询窗口。

(3)可以选定一定的现金日记账范围,单击右键,在弹出的快捷菜单中实现更多操作。

(4)单击"结账日重算",可以设置结账日。

(四)辅助账查询

1. 辅助账按项目查询

(1)辅助账按项目查询可以展示不同的账类,如金额式、数量金额式、外币金额式、数量外币金额式,可通过复选框实现,然后,单击"计算数量金额账",即可调出数量金额式、外币金额式、数量外币金额式的账表。辅助账查询应先操作按项目科目的明细账,而后才能操作其余额表、汇总表。另外,初次打开某个项目辅助账明细账时(包括按科目和按项目),有计算过程显示,再次打开不会有计算过程显示。

(2)选择菜单"辅助账"→"辅助账按项目",打开"辅助账按项目"窗口,如图3-5所示。

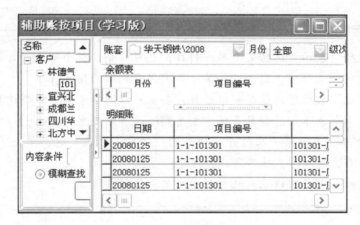

图3-5 辅助账

|| "温馨提示" ||

➤ "月份"表示下拉复选框中月份有1—12月及全部,选其中某一个月份,即查看当月的辅助账信息。

➤ "级次"表示级次中有1级和2级,其中最高一级为辅助账项目,下级为辅助账项目下的科目的明细情况,在下拉复选框时,可以全选,也可以只选其一。

➤ "余额非零"表示选中后,凡是余额为零的项目不显示,只显示有余额的项目信息。

➤ "重新计算"表示本项目辅助账数据重新导入,此时造成辅助账查询需重新计算获得新的辅助账信息。

➤ "设置结账日"表示有些单位结账日不一定是月份的最后一天,如25日、20日,等等,为了与被审计单位的财务数据核算口径一致,在此需设置结账日。

2. 辅助账按科目查询

选择菜单"辅助账"→"辅助账按科目"。

3. 辅助账项目汇总表

辅助账项目汇总表实现的功能是对一个项目或全部项目的辅助核算在一定的期间内与其对应的所有科目的数据信息,即科目的借方或贷方发生额。选择菜单"辅助账"→"辅助账项目汇总表",打开"辅助账项目汇总表"窗口,如图3-6所示。

图3-6 汇总表

"温馨提示"

➤ "项目选择"表示可选择某个单一科目,也可以查询整个项目科目的汇总情况。
➤ "会计期间"表示可以自由选择某一年度任意期间的信息。
➤ "科目级次"表示可以选择一级科目,甚至可以选择末级科目查询其汇总情况。
➤ "借贷方向"表示汇总科目是借方发生额还是贷方发生额。
➤ "汇总计算"表示第一次打开该项目的"项目汇总表"时,单击"汇总"时显示汇总信息,再次进入时,就不用此按钮了。
➤ "项目名称"表示可以录入相关的项目名称进行查找。

4. 辅助账科目汇总表

辅助账科目汇总表实现的功能是对一个科目或全部科目的辅助核算在一定的期间内与其对应的所有项目的数据信息,即科目的借方或贷方发生额。选择菜单"辅助账"→"辅助账科目汇总表",打开"辅助账科目汇总表"窗口。

(五)账龄

(1)选择菜单"账龄",进入窗口前或进入后选择取数来源,例如"从总账取数",单击"确定",如图3-7所示。

图3-7 账龄

（2）选择计算账龄截止日期所在年份的账套，如计算 2008 年 12 月 31 日的账龄，导入 2004—2008 年的数据，在此选择 2008 年账套。

（3）选择设置计算账龄的截止日期为 2008 年 12 月 31 日。账龄截止时间，只允许设在所选择的最后年度内。如上面最末年度为 2008 年（全年），则账龄截止时间只能是 2008 年度某个时间点及其后的余额。

（4）选择需计算账龄的会计科目，选择"应付账款"科目。

（5）做年度间的科目核对。科目核对以截止时间点所在年度的科目库为准向前进行科目追溯，选择科目后，需对多个年度同一会计科目（具体到末级）进行核对，系统对已对应上的科目会实现多年度间账龄推算，如图 3-8 所示。

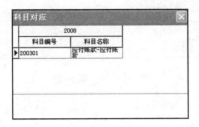

图 3-8　科目对应

（6）上述操作完成后，坏账就计算出来了，如图 3-9 所示。

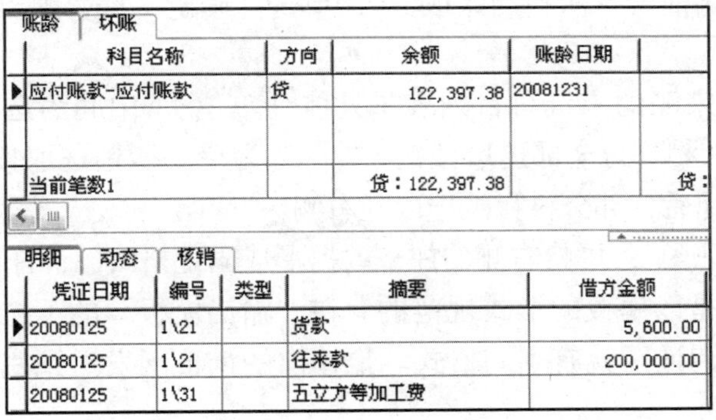

图 3-9　坏账

（7）如果需要在计算完账龄的基础上再计算坏账，设置坏账比例就可以了，如图 3-10 所示。

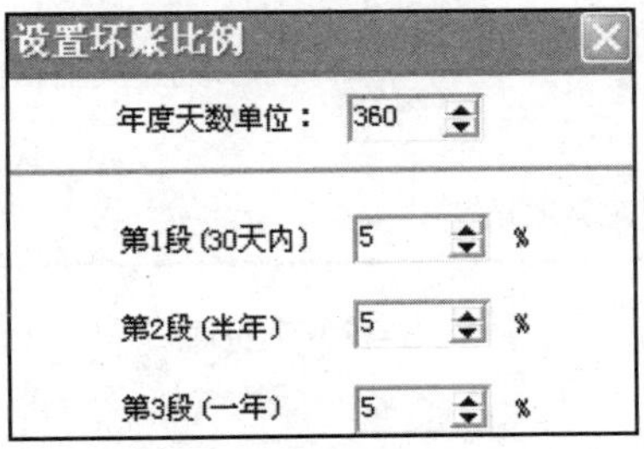

图 3-10　设置坏账比例

（8）设置坏账比例完成后，坏账就计算出来了，如图3-11所示。

图3-11 计算坏账

（六）询证函

审计人员对被审计单位的往来账进行审计时，也往往需要对往来账进行函证，而往来账的数据信息，有些单位在总账系统中核算，有些单位在辅助账系统中核算，因此往来账函证需要对往来账数据信息取数。

（1）选择菜单"函证"，"从辅助账取数"，单击"确定"后，弹出"询证函"窗口，如图3-12所示。

（2）左侧显示往来账的末级科目列表（具体到单位），中间为选取和回选按钮，其中"▷"为单选按钮，"»"为全部选取按钮，"◁"为单一撤销选取按钮，"«"为全部撤销选取按钮。经过选择后，部分科目被选取到右侧。

（3）单击"出询证函"，可将右侧的往来数据形成固定格式的询证函文书。

其中的固定格式是以模板的形式规范的，在"输出模板"的下拉复选框中，选取不同格式的模板，输出的询证函就有不同格式。把输出的询证函发送到底稿平台中，审计人员可在此打印及编辑。

图3-12 询证函

> ||―"温馨提示"||―
>
> ▶"选择数据来源"便于在总账与辅助账之间的切换。如果选取从总账取数，会弹出"科目"窗口，这时选择往来账中的某一个科目。
>
> ▶"输出模板"表示在询证函模板管理中可设置多种模板格式，出询证函时根据实际情况选择不同模板，如函证银行存款与函证应收账款选择的模板是不同的。
>
> ▶"所选单位汇总到一个文档"表示选择部分询证函汇总合并到一个文档中，该文档被保存到项目数据库下，再次打开时保存在目录下的 word 文件中某个具体项目文件下，审计人员也可在生成时另存一个文件，这样方便文件打印输出的工作。询证函文件合并的操作也可以在底稿平台用底稿合并的功能实现。
>
> ▶"回函情况"表示已发出的询证函自动进入这里，对于已回函要进行"是否"操作。

（七）综合查询

1. 打开"综合查询"窗口

单击"账证查询"→"综合查询"菜单，或者单击工具栏"查询"按钮，打开"综合查询"窗口，如图 3-13 所示。

图 3-13　综合查询

2. 选择要查询的数据库

当需要从凭证库、分类账库或其他数据库里做查询时，先在左侧的数据库名显示区，用鼠标点中需查询的数据库（如"凭证库"）。然后，在右下角就显示出被查询的数据库所有字段。

3. 选中要查询的内容（字段）

在右下角的被查询数据库字段显示区，选择要查询的内容（字段），选图中的"科目编码"，双击（或拖拽）到查询条件列示区。

4. 设置查询条件

在"条件"里的小白框中双击鼠标左键，出现一个黑色下拉按钮，单击下拉按钮，就弹出"象""含""="">"">=""<""<=""<>""长度"……选择条件，然后从"凭证库"里查询摘要含"手机"字样的凭证记录。

"温馨提示"

▶ "账套"表示对跨年度项目进行查询（选中该项后，会在窗体左侧自动列出系统中的项目）。

▶ "执行查询"表示当查询条件确定好后，可单击该按钮执行查询任务。

▶ "当前页中查询"表示在当前显示的查询结果中进行再次查询（多次查询）。

▶ "调整显示"表示调整当前显示项（是否显示某项、是否排序、按什么项排序）。

▶ "自动列宽"表示是否自动计算并调整各项的宽度。

▶ "同张凭证"表示单击选中其前面的空白框，查询出的结果以同张凭证方式显示，蓝线之间为同一张凭证（凭证日期与凭证编号均相同），这个功能可以方便地看到对方科目。

5. 调整显示

在查询窗口中单击"调整显示"按钮，调整是否显示前九项，如图3-14所示。

图3-14 调整显示

6. 执行"查询"

单击"执行查询"，即可查询出符合设置条件的记录，如图3-15所示。

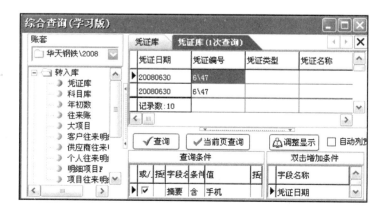

图3-15 综合查询结果

7. 存储查询结果

在查询结果中,单击鼠标右键,就弹出一个下拉菜单,如图 3-16 所示。

图 3-16 账套

存储查询结果有以下几种方式:"全选"(或拉动鼠标选择)"复制""发送至底稿""另存疑点库""另存中间库"等,用这几种方式都可以将所查询的结果存储到中间库、疑点库或工作底稿中。

另存后,应及时刷新。如做完"另存中间库",应在查询界面左边框中,单击鼠标右键,出现刷新中间库,刷新底稿需在工作底稿相应界面中进行。

可将查询结果复制到工作底稿,操作如下:

(1)将需要复制的查询结果选中(根据需要全选或选中几行),选中后区域为蓝色。

(2)选中后,将鼠标移到选中的区域,在保持选中状态不变的情况下单击鼠标右键,在弹出的右拉框中单击"复制"。

(3)关闭"查询结果"窗口,打开一张工作底稿(打开本系统的工作底稿或直接打开 Excel),在工作底稿中单击一个起始格,单击 Excel 底稿中的"粘贴"按钮,即完成操作。

(4)把结果复制到底稿后,如何选中需要复制的查询结果?全选的方式是单击结果区的左上角;选中几行的方式是将鼠标移到记录第一行最左侧边缘,然后按住鼠标左键不放,往下拉,则能选中几行,若这几行是间隔的几行,选中第一行后,按住"Ctrl"键,再选另外的行。

8. 另存疑点库

1)疑点库的作用

为审计人员在审计作业过程中,对审计过程中发现的疑点等问题做记录,为工作底稿的编制和审计日记的归档做准备。

2)疑点库指定

可以把任何数据库结果指定成疑点库,可以发送选定内容至疑点库,工作底稿会自动添加。疑点本能突出审计重点,操作灵活,为审计人员保存底稿提供方便。

（1）用鼠标单击"查询"，输入查询条件，执行查询。

（2）在查询结果区域单击右键，选择"另存疑点库"，在弹出的"增加疑点率"对话框中输入疑点库名称，单击"确定"即可，如图3-17所示。

图 3-17　疑点库

（3）在"查询"窗口左侧单击右键，选择"全部刷新"。

（4）单击"疑点库"前面的"+"，单击对应的"疑点库"名称，可以看见内容。

3）把疑点库的内容保存到底稿

单击"疑点库"前面的"+"，在内容显示区域单击右键，单击"全选"，再单击右键，选择"发送至底稿"。

4）疑点库复原

单击"疑点库"前面的"+"，选择要复原的"疑点库"名称，单击右键，选择"疑点库复原"。

9. 任意抽样

任意抽样包括等距抽样和不等距抽样，是随机抽样。任意抽样作为查询条件之一，它能够对数据库所有记录按一定条件任意抽取。

（1）刷新后，在数据库名显示区能看到任意抽样的结果。

（2）单击"查询"，在数据库内容显示区单击右键，选择"任意抽样"，出现如图3-18所示窗口。

（3）填写样本大小、间隔、起点，单击"执行"，则可完成抽样。

（4）在数据库显示区域单击右键，全部刷新。

（5）单击任意抽样，能够看到结果。

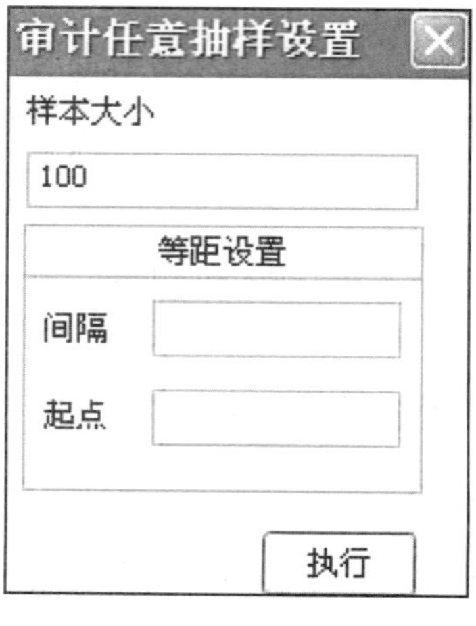

图 3-18　抽样

10. 发送至底稿

选择需要发送的内容后，通过右键菜单→"发送至底稿"完成。以发送到"Excel 文件作为新底稿"为例，选择后，出现如图 3-19 所示对话框。

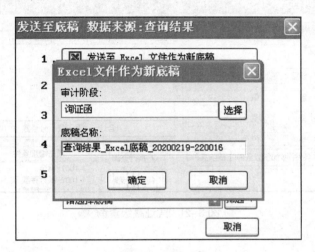

图 3-19 发送至底稿

选择对应的审计阶段，修改好底稿名称，确定后即可发送（保存）至相应的底稿阶段。完成后，即可在底稿编制平台（如果底稿编制平台之前已经打开，需要刷新）的相应阶段中找到该底稿。

11. 发送至图形

可以将选定的查询结果以图形的形式表示出来，使结果更直观，更容易得出审计结论。具体可以生成饼图、线图、柱图，生成图形后的其他操作可查阅本书中的相关内容。

（八）凭证查询

1. 凭证快速查询

审计人员在事先知道或了解到凭证号、凭证日期、凭证摘要，但不了解凭证中的会计处理情况时，可以通过凭证快速查询功能较快地查询到所要找的凭证，在所搜集到的凭证列表中，双击打开记账凭证，查看会计处理内容，如图 3-20 所示。

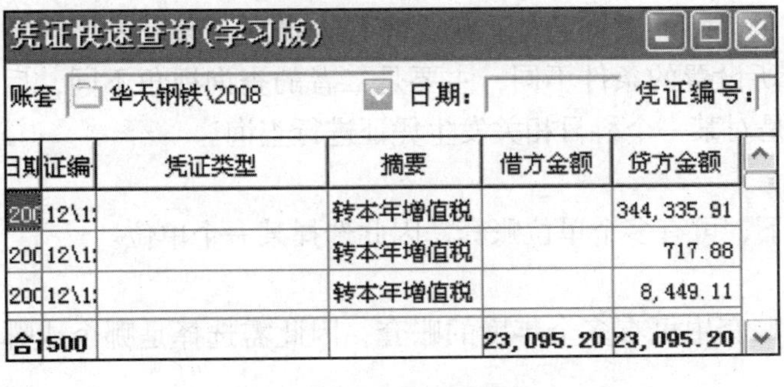

图 3-20 凭证快速查询

2. 凭证高级查询

凭证高级查询功能适用于从各个角度对凭证查询的需求，审易软件提供了十分强大的凭证高级查询功能，其中按照科目组合的查询功能是审易软件独特有效的查询方式，如图 3-21 所示。

图 3-21　凭证高级查询

3. 凭证多年查询

凭证多年查询功能适用于将多个年度的凭证数据合并在一起进行条件查询，如图 3-22 所示。

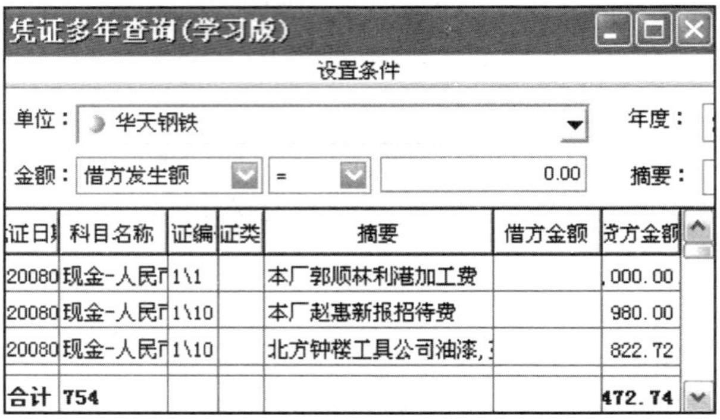

图 3-22　凭证多年查询

审易软件提供了诸多的查询条件，确保审计人员对于某一具体业务多角度地查询，但其与凭证高级查询所设置的条件不同，主要是二者的查询视角不同，后者主要是对分录组合查询，前者主要是对某一个科目相关发生凭证进行查询。

1）单位

在同一个项目下，可有多个单位账套，因此选择某一个单位。

2）年度

在同一个单位账套中可有多个年度的账套，因此需选择是哪个或哪几个会计年度（可同时多选）。

3）科目名称

多个年度间的一级科目一般相同，因此可选择其中一个年度（所选择的年度）的会计科目作为科目参考，也可手动录入会计科目。例如，需查"银行存款"科目，可在所选的年度中选择一个年度中的"银行存款"会计科目。

4）金额

金额可选"借方发生额""贷方发生额""发生额",其中"发生额"是指借贷方发生额同时查询,并对金额进行"值范围限制"。

5）摘要

对摘要可进行关键字查询,需手动录入。

（九）银行对账

（1）单击"账证查询"→"银行对账",打开"银行对账"窗口,如图 3-23 所示。

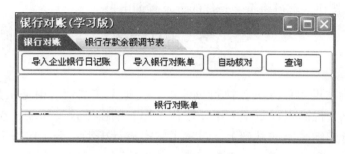

图 3-23　银行对账

（2）将单位银行日记账导入,单击"导入企业银行日记账"按钮,选择需导入的某银行科目日记账,设置导入的起止日期及导入方式,导入后,银行日记账显示于左方窗口。

（3）导入企业银行日记账数据后,应将相应的电子对账单导入,单击"导入银行对账单"按钮,选择须对账的银行科目名（当银行科目的日记账导入后,"选择银行"的下拉框内会自动出现银行科目列表）、起止日期,然后单击"选择账单",定位需导入的对应的 Excel 银行电子对账单的存储位置,因不同银行的电子对账单的格式不同,因此须将对账单的字段映射为标准字段,即与标准字段相对应。

（4）两方数据均准备完毕后,单击"自动核对",核对时审计人员可选择票据结算号的匹配位数及日期匹配的间融天数;确定后,系统开始自动对账,并将已核对相符的账项在核对情况栏里打上"自动核清"标记;未核对上的,打上"未达账项"标记。有些特殊情况,需审计人员手动核对,用户可将核对相符的账项,手动打上"手动核清"标记。

（5）核对完毕后,系统会自动生成。"银行存款余额调节表",单击"银行存款余额调节表"页签,即可查看。

七、课后拓展

请利用综合查询功能从"凭证库"里查询"现金大于 10 000 元的支出"。

（1）在数据库名显示区里用鼠标左键单击"凭证库",这时在数据库内容显示区显示凭证库的内容。

（2）在被审计数据库字段列示区双击选中"科目编号",该字段进入条件列示区。或者按住鼠标左键不放,将其拖拽到条件列示区后,松开鼠标（拖拽时鼠标形状为鼠标箭头和一个小方框）。

（3）在"条件"的框里双击鼠标左键，出现一个下拉按钮"▼"，单击这个下拉按钮，选择"象"。

（4）在"值"的框中输入"1001"，若不清楚科目编号，则在"值"右侧的框中单击"省略号"小按钮，出现"科目树"窗口。

（5）在科目显示区单击选中"101—现金"，这时在"科目提示"后的框中显示"1001"，单击"确定"按钮。这时，在查询条件列示区的"值"的框中，自动显示"1001"。

（6）按上面的操作步骤，在被审计数据库字段列示区将"贷方金额"双击到条件列示区，在"条件"的框中选择条件">"，在"值"的框中输入"10000"。执行完以上四步后，单击"执行查询"按钮，就可将符合条件的记录查询出来。

3.1.2 审计预警

一、活动描述

模型预警功能帮助审计人员在执行具体审计实施工作之前对财务信息有总体的把握，以便确定审计重点，提高审计效率。审易优化了原有的模型预警功能，在将常用的审计分析或查询方法进行归纳总结的基础上，设置了三类审计模型：分录检查模型、账户分析模型和综合查询模型。审计模型的意义在于：一方面，可以复用已有的经验与方法，极大地提高工作效率和工作质量；另一方面，也可不断地将审计经验积累、复用、共享，提高审计团队的整体水平。审计人员在开始审计时，可以全部或部分调用相应的审计模型执行，对被审计单位的数据进行自动模型预警，并可通过设置将自动模型预警发现的疑点发送至审计疑点库中。

二、单元目标

【知识目标】

（1）理解模型预警的基本概念；

（2）掌握模型预警的基本功能；

（3）掌握模型预警的基本操作。

【技能目标】

（1）能够运用分录检查模型检查凭证；

（2）能够运用账户分析模型进行科目分析；

（3）能够运用综合查询模型查账；

（4）能够保存模型预警结果。

【素质目标】

（1）培养学生在进行审计工作时对自动模型预警的敏感性；

（2）培养学生谨慎务实的职业能力。

三、情景导入

项目"abc20080101—20081231"保存的是 2008 年一年的财务数据，方便演示审计模型预警工具的应用,请利用分录检查模型、账户分析模型和综合查询模型检查分析,迅速找到审计线索,提高审计效率。

四、操作要求
(1)登录系统:用付楚的身份登录系统,打开项目 abc;
(2)分录检查模型:修改检查异常固定资产增加;
(3)账户分析模型:分析应收账款余额激增;
(4)综合查询模型:查询大额银行存款支出。

五、知识链接
(一)分录检查模型

分录检查模型通过定制异常分录对应关系,将不符合会计处理常规的分录存储为模型,并调用执行,起到预警的作用。执行时可选择全部或部分执行,该模型支持用户自行定义,并可存储为模板,以供复用。

(二)账户分析模型

账户分析模型通过指定账户的余额、发生额波动比率,将设定条件存储为模型,可将账户余额或发生额波动过大的月份筛选出来,起到预警的作用。

(三)综合查询模型

综合查询模型可将用户日常运用的综合查询方法存储为模型,执行时,可将符合条件的数据筛选出来,筛选结果常表现为审计重点或疑点,起到预警作用。

六、技能训练
(一)分录检查模型预警

(1)单击"分录检查模型预警"项,打开"分录检查模型预警"窗口,如图 3-24 所示。

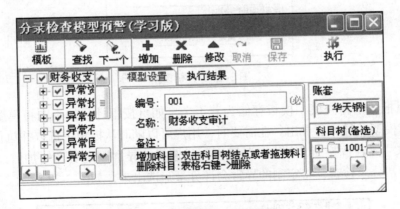

图 3-24 分录检查模型预警

在"模型设置"后,出现模型定制设计界面,在该界面可进行模型的增加、删除和修改工作,该界面的左方为模型的树形结构,每个末级节点对应一个分录模型。

(2)单击"异常固定资产增加",显示出此模型的具体定制内容,单击"修改",如图 3-25 所示。

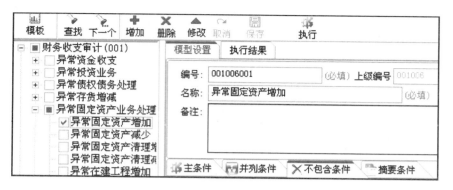

图 3-25 异常固定资产增加

（3）在"模型设置"页签界面找到"不包含条件"，单击鼠标右键进行删除，完成固定资产异常分录检查模型的修改并保存工作，如图 3-26 所示。

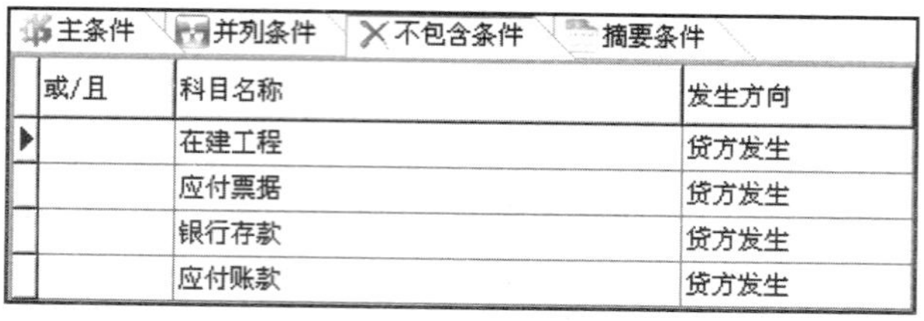

图 3-26 不包含条件

（4）修改完毕后，用户可单击"模板"按钮，在弹出的"分析模型"对话框后，单击"当前模型另存模板"，将新建或修改的模型另存为模板，命名为"异常固定资产增加 1"，如图 3-27 所示。

图 3-27 分析模型

用户可以把分录检查模型模板存储为若干个，如可按审计目的不同将模型设置为若干版，同时支持模型的导入、导出。在需要时，用户可以随时从模板中选取并执行。

（5）选取"异常固定资产增加 1"模型，只选择"异常固定资产增加"，单击"执行"按钮，执行异常分录检查，将定制的异常会计分录筛选出来，如图 3-28 所示。

图 3-28 异常固定资产执行结果

（6）打开执行结果中的"明细表"，查看异常固定资产增加分录，双击"异常固定资产增加"，如图3-29所示。

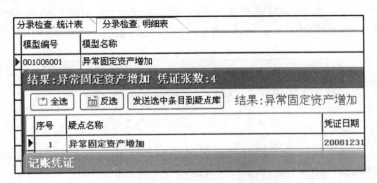

图3-29　异常固定资产增加明细表

（7）双击每笔凭证，查看该凭证的具体内容，审计人员将认为是疑点的凭证在勾选"发送选中条目到疑点库"后，将其发送至疑点平台，以供进一步审计落实。

> **"温馨提示"**
>
> ▶ "分录检查模型预警"的"模型设置"窗口分左右两栏，左侧是当前项目使用的科目，右侧是标准科目。标准科目包括企业、行政、事业、工业、工会等会计制度。
>
> ▶ "分录检查模型预警"可以帮助审计人员快速统计凭证总数和发生笔数，查看凭证分录的类别，审查"一借一贷""一借多贷""多贷一借""多贷多借"以及其他无法识别的凭证各有多少，方便审计人员分析凭证质量，寻找审计线索。
>
> ▶ 查询结果可以按字段标题排序，通过鼠标右键菜单可以进一步处理，如发送到工作底稿等。单击凭证记录可以打开具体的凭证。

（二）账户分析模型预警

（1）单击"账户分析模型预警"项，显示账户分析模型预警界面，如图3-30所示。

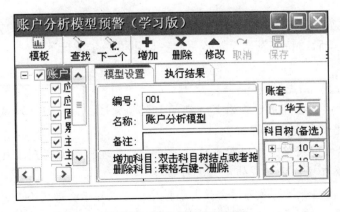

图3-30　账户分析模型预警

单击"模型设置"后，出现模型定制设计界面，在该界面可进行模型的增加、删除和修改工作。该界面的左方为模型的树形结构，每个末级节点对应一个账户分析模型。

（2）单击"应收账款余额激增分析"后，可显示出此模型的具体定制内容，其条件定义为"应收账款"借方余额比上月增长50%，如图3-31所示。

图3-31　账户分析模型预警主条件

用户还可以对模型进行新建或修改，并可将修改的模型存储为模板，单击"模板"按钮，在弹出对话框后，单击"当前模型另存模板"。

（3）选中"应收账款余额激增分析"，单击"执行"，如图3-32所示。

图3-32　应收账款余额激增分析

（4）在明细表界面，双击"应收账款余额激增分析"模型条目，则明细展示科目，双击某月份，将穿透查询至该科目的明细账中，以供用户进一步追查其波动的原因，如图3-33所示。

图3-33　应收账款余额激增分析记录

（5）双击每笔凭证，查看该凭证的具体内容，并可将认为是疑点的凭证在勾选"发送选中条目到疑点库"后，将其发送至疑点平台，以供进一步审计落实。

> **"温馨提示"**
>
> ➤账户分析模型也可用于查看某一期间大金额凭证，方便审计人员从凭证库中抽选比较敏感的凭证，查找审计疑点。
>
> ➤通过鼠标右键菜单，可以对查询结果进一步处理，如发送到工作底稿等。双击可疑记录，可以直接抽取相应的凭证进行审查。
>
> ➤账户分析模型查找结果可按金额大小排序，可以显示全部符合条件的记录，也可以只显示前10条、100条、1 000条、10 000条记录，可运用右键菜单对结果进行处理。

（三）综合查询模型预警

通过综合查询模型，可查询银行存款支出在 80 000 元以上的项目，查看凭证。

（1）单击"综合查询模型预警"项，打开"综合查询模型预警"窗口，如图 3-34 所示。

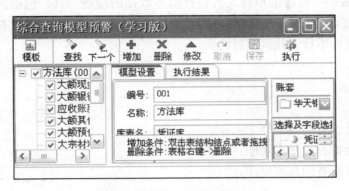

图 3-34　综合查询模型预警

单击"模型设置"后，出现模型定制设计界面，在该界面可进行模型的增加、删除和修改工作。该界面的左方为模型的树形结构，每个末级节点对应一个账户分析模型。用户可以对模型进行新建或修改，并可将修改的模型存储为模板，单击"模板"按钮，在弹出对话框后，单击"当前模型另存模板"，将模型另存为模板。

（2）修改"大额银行存款支出"后，单击"执行"，如图 3-35 所示。

图 3-35　综合查询模型预警结果

（3）用户可单击明细表中的某个模型条目，将此模型条目详细的凭证记录筛选出来，如用户单击"大额银行存款支出"模型条目，则出现明细展示界面，可以运用右键菜单进行相关操作。

（4）用户可双击某记录，将穿透查询至该记账凭证的详细记载内容，以供用户进一步检查。

七、课后拓展

请思考明细账界面右键菜单都有哪些？这些菜单对模型预警结果有什么作用？

3.1.3 审计检查

一、活动描述

审计检查提供了一组帮助审计人员检查财务数据的检查工具，包括余额方向检查、科目对冲检查、重复业务检查、电算化内控检查、同科目（不）同金额检查等功能。利用审计检查工具快速进行审计，找到审计线索。

二、单元目标

【知识目标】
（1）了解审计检查的基本概念；
（2）理解审计检查的基本功能；
（3）掌握审计检查的基本操作。

【技能目标】
（1）能够运用余额方向检查，检查账户方向是否合理；
（2）能够运用科目对冲检查，检查异常的科目对冲情况；
（3）会利用重复业务检查，检出异常重复业务；
（4）会利用电算化内控检查，快速查找内控存在的问题；
（5）能够运用同科目（不）同金额检查，查看某个业务发生痕迹。

【素质目标】
（1）培养学生养成定期审计检查的习惯；
（2）培养学生谨慎务实的职业能力。

三、情景导入

项目"abc20080101—20081231"保存的是2008年一年的财务数据，方便演示审计检查工具的应用，请利用以上审计检查工具，快速发现审计问题，提高审计效率。

四、操作要求
（1）登录系统：用付楚的身份登录系统；打开项目abc；
（2）余额方向检查：检查出年初余额有异的会计科目；
（3）科目对冲检查：对全部科目进行科目对冲检查；
（4）重复业务检查：检查包括同天同类业务、同票据号业务两项；
（5）电算化内控检查：审查"制单人、复核人任意为空"的情况；
（6）同科目（不）同金额检查：对所有科目进行（不）同金额检查。

五、知识链接

（一）余额方向检查

通过科目的年初余额和期末余额确定科目的实际余额方向，科目余额方向不一致的会自动显示出来。

（二）科目对冲检查

科目对冲检查用于检索发生额存在负数（即红字）的会计凭证。

（三）重复业务检查

重复业务检查包括同天同类业务、同票据号业务两项，用于审计人员检查被审计单位是否存在重复业务，以检查其是否存在同一笔业务做多笔账的问题。

（四）电算化内控检查

电算化内控检查用于快速查找内控存在的问题。

（五）同科目（不）同金额检查

（1）同科目同金额是指相同科目在不同期间或同一期间发生相同金额的业务，该功能可以查看某个业务发生的痕迹，也可以用于其他目的审计，如在不在工资科目发放工资等。

（2）同科目不同金额是指在同一张凭证反复用相同会计处理分录记录不同的发生额，将这些凭证查出来，供审计人员审查其合理性。

六、技能训练

（一）余额方向检查

选择"审计检查"→"余额方向检查"，打开"科目余额方向检查"窗口，查出科目余额方向不正常的会计科目，如图 3-36 所示。

年初余额	期末余额	余额方向变化		
	科目编号	科目名称	年初借方余额	年初贷方余额
▶	102302	原材料-钢材库		65,952.98
	2003	应付账款	924,071.34	
	200301	应付账款-应付账款	924,071.34	

图 3-36　余额方向检查

从"年初余额"选项卡和"期末余额"选项卡可以看到所有科目的余额方向及其借、贷方余额等信息。系统自动检查期末余额的方向，若查出科目余额方向异常情况，则系统会在选项卡中列表显示余额方向不符的记录，审计人员可据此进行深入检查。

（二）科目对冲检查

单击菜单"审计检查"→"科目对冲检查"，打开"科目对冲检查"窗口，如图 3-37 所示。选择对冲类型后，单击"检查"按钮，显示对冲检查结果。科目对冲检查用于检索发生额存在负数（即红字）的会计凭证，查询的结果可以按字段标题排序。通过鼠标右键菜单，可以对查询结果作进一步处理，如发送到工作底稿等。

图 3-37 科目对冲检查

（三）重复业务检查

1. 同天同类业务

对每天重复三次及以上的银行存款业务进行同天同类业务检查。

（1）选择菜单"审计检查"→"重复业务检查"→"同天同类业务"，打开"同天同类业务"窗口。

（2）选择"银行存款"科目后，按照操作向导单击"下一步"，每天重复次数选择"3"，直到出现"执行"按钮，单击"执行"按钮，弹出统计结果，如图3-38所示。

图 3-38 同天同类业务

2. 同票据号业务

（1）选择菜单"审计检查"→"重复业务检查"→"同票据号业务"，打开"同票据号业务"窗口。

（2）选择次数后，单击"检查"按钮，弹出统计结果。

（四）电算化内控检查

（1）选择菜单"电算化内控检查"，在窗口中可以分别选择5个选项，即可查看结果，如图3-39所示。

（2）选择"制单人、复核人任意为空"，弹出审查结果，可以帮助审计人员迅速检查财务核算内控执行情况。

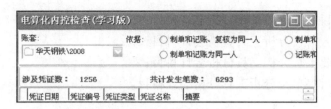

图 3-39　电算化内控检查

（五）同科目（不）同金额检查

（1）选择菜单"审计检查"→"同科目（不）同金额检查"，打开"同科目（不）同金额检查"窗口，如图 3-40 所示。

（2）选择"同金额"科目后，单击"检查"按钮，弹出检查结果。

图 3-40　同科目（不）同金额检查

七、课后拓展

请对应收账款进行同天同类业务检查，并讨论分析结果。

3.1.4　科目分析

一、活动描述

科目分析是一组帮助审计人员做财务数据分析的一系列工具的集合，包括科目趋势分析、科目明细结构分析、科目对比分析、对方科目分析、摘要汇总分析和科目多单位分析。利用科目分析系统自带的项目 2008 年财务数据进行。

二、单元目标

【知识目标】

（1）理解科目分析的基本概念；

（2）掌握科目分析的基本功能；

（3）掌握科目分析的基本操作。

【技能目标】

（1）会运用科目趋势分析工具分析会计科目；

（2）会运用科目明细结构分析工具分析会计科目；

（3）会运用科目对比分析工具分析会计科目；
（4）会运用对方科目分析工具分析会计科目；
（5）会运用摘要汇总分析工具分析会计科目；
（6）会运用科目多单位分析工具分析会计科目。

【素质目标】
（1）培养学生进行科目分析的职业素养；
（2）培养学生谨慎务实的职业能力。

三、情景导入

审易软件中的审计分析是指对审计分析工具的运用。审易软件根据审计作业的需要，提供了各种分析工具，甚至可以利用数学模型进行经济效益分析、经济责任评价指标分析。数据准备完成，运用模型预警功能帮助审计人员对财务信息有总体的把握。

四、操作要求

（1）科目趋势分析：对比分析 abc 公司 2008 年银行存款各账户的月末余额；
（2）科目明细结构分析：分析应收账款借方发生额，找出所占比重最大的明细科目；
（3）科目对比分析：分析 abc 公司 2008 年各月原材料所占产成品的比重；
（4）对方科目分析：审查分析 abc 公司预付货款的对方科目情况；
（5）摘要汇总分析：分析 abc 公司 2008 年凭证库中涉及银行存款科目的摘要分布情况，找出所占比例最大的摘要，查看其凭证，把贷方发生额最高的摘要放入疑点平台。
（6）科目多单位分析：对管理费用借方发生额进行科目多单位分析。

五、知识链接

（一）科目趋势分析

通过趋势分析可展示选定科目在年度期间内的数据变化情况，用户可根据会计科目的类别，选择数据的分析选项，可以是余额、发生额或是累计发生额。它有两种展现形式：

1. 直观的图表形式

帮助审计人员进行对比分析，以便清楚明了地发现审计线索。

2. 数据表形式

列示出选定科目在年度内各月份的数据及增减率情况。

如果存在多年度财务账，通过科目多年趋势分析可展示选定科目在多个年度期间内的数据变化情况。环比分析是指将某一个科目的发生额在不同年度同月间进行比对分析。

（二）科目结构分析

通过科目结构分析可分析展示选定科目在指定某月份明细项目构成情况，其为横向分析，用户可根据会计科目的类别，选择数据分析选项，可以是余额、发生额。

结构分析同时以下面两种形式展现：

1. 直观的图表形式

结构分析多用饼图展示，用户也可设置其他类别图形。

2. 数据表形式

列示出选定科目在会计期间内的数值及占总体比率的情况。

（三）科目对比分析

根据经济业务的账务处理原理，一般而言，某会计科目常与另一会计科目的变动存在规律性，比如存在变动的趋同性，我们称两个科目存在关联性，比如主营业务收入与主营业务成本存在关联。科目对比分析就用作关联科目间的比率情况进行分析。

（四）对方科目分析

对方科目分析可对选定科目的对方科目构成情况进行分析，根据对方科目的构成情况，用户一般可分析出与选定科目相关的账务处理结果，进一步可分析出经济业务的发生情况，具有突出审计重点、节约审计时间、提高审计效率的作用，其为审计分析的一个重要工具。

（五）摘要汇总分析

该功能是通过对凭证摘要进行分类统计汇总，得出经济业务的发生频度、发生金额及所占比重，审计人员通过此结果对经济业务发生的情况进行分析，查找审计重点或疑点。

（六）科目多单位分析

通过科目多单位分析可展示不同项目同一年度月份同科目构成比例情况。

六、技能训练

（一）科目趋势分析

对比分析 abc 公司 2008 年银行存款各账户的月末余额。操作步骤如下：

（1）单击菜单"审计分析"→"科目趋势分析"，打开"科目趋势分析"窗口，如图 3-41 所示。

（2）进行单科目变动分析，选择银行存款的四个下级科目到"需出图科目"列表框中，数据均取自借方，指定数据源类型为"期末余额"。

（3）单击"分析"，打开"数据显示"窗口，显示银行存款各账户月末余额对比表。

图 3-41 科目趋势分析

分析结果分为"图形显示"与"数据显示"两个页签，"图形显示"默认为"折线图"，也可在图形上单击右键更改图形类型，可改为"柱形图"或"饼图"。单击"数据显示"页签，即可将各月份的数据增长率计算并列示出来。该功能支持对多科目数据变化情况进行联动分析，用户可选取多个会计科目进行联动分析。

（4）在"图形显示"选项卡里，单击"柱形图"，银行存款单科目变动分析如图3-42所示。

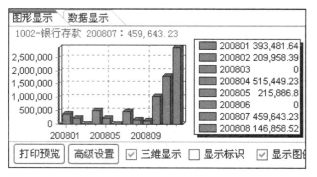

图3-42　科目趋势分析结果

从对比分析柱形图可以看出2008年abc公司的银行存款3月份和6月份最低，为0；第四季度较高，特别是12月份最高，为2 872 627.81元。3月份和6月份，可作为疑点进一步查证，并寻找第四季度银行存款增加的原因。

> **"温馨提示"**
>
> ▶ 在"科目趋势分析"窗口中，图形分析的数据来自余额表，有年末结转的科目不适宜使用本工具。采用的数据源类型为月发生额、累计发生额、期末余额；可选图形类型包括饼图、曲线图、柱形图；可选年度区间包括一年各月、多年同月、多年度。
>
> ▶ 编制的图形显示在新打开的窗口中，鼠标右键菜单提供了复制、保存到文件、发送到底稿三项功能。网线、三维显示、显示标识、显示图例四个复选框用于控制图形的显示方式，放大、缩小、恢复三个按钮用于控制图形显示的大小，打印按钮可以打印图形。
>
> ▶ 图形分析工具不仅能直观地展现业务的变化趋势，还是查询数据的入口。双击图上的数据点"*"，可以打开"明细账"窗口，深入查看相关科目的明细账直至凭证，方便分析审计疑点。

（5）用同样的操作步骤，进一步分析明细科目100201、100202，如图3-43所示。

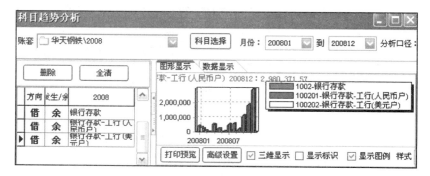

图3-43　科目趋势分析图例

银行存款主要存在工行（人民币账户），但是1月份工行（美元账户）远远高于人民币账户，可作为疑点进一步查证。

> ┤|"温馨提示"|├
>
> ➤ "打印预览"可预览图形的打印效果。
> ➤ "高级设置"可设置图形的多种选项，如颜色、字体、样式等。
> ➤ "网线"复选框选空后，图形背景将不显示网格线。
> ➤ "三维显示"复选框选空后，图形不以3D效果显示。
> ➤ "显示标识"复选框选空后，图形上的文字标识将不显示。
> ➤ "显示图例"复选框选空后，图形右方的图形将不显示。
> ➤ 在生成的图形窗口中，可以将该图形放大、缩小、恢复至原貌，也可以将它打印出来，或者在本地计算机上保存成单独的文件。
> ➤ 在"显示数据"前的方框打钩，图形上方显示出科目月发生额列表。
> ➤ 在图形上双击鼠标左键，可以直接打开查账窗口，查看该科目分类账信息。

（二）科目结构分析

分析应收账款借方发生额，找出所占比重最大的明细科目；在数据显示里，查看它的比重，进一步双击查看明细账。操作步骤如下：

（1）选择"审计分析"→"科目结构分析"菜单，或者利用"结构"工具按钮，出现科目结构分析窗口。在未选科目前，数据显示在空白区域。

（2）单击"科目选择"按钮，选择拟分析的会计科目。以选取应收账款为例，对其全年的累计借方发生额明细构成情况进行分析，选定该科目，设科目方向为借方，数据内容为累计发生额，并将分析月份选择为1—12月份，设定完毕，单击"分析"按钮。该科目的明细构成情况就以图形的形式展示出来，如图3-44所示。

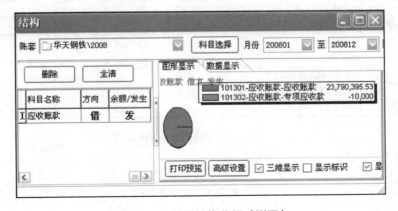

图3-44 科目结构分析（饼图）

（3）分析结果分为"图形显示"与"数据显示"两个页签，图形显示默认为饼图，也可在图形上单击右键改变图形类型。单击"数据显示"页签，可将各明细科目的金额及所占总体百分比显示出来。

> **"温馨提示"**
> ▶ "分析至末级"表示此项时,明细构成分析将深透至科目最底层,若不选该项,则分析至该科目的下级。
> ▶ "打印预览"可预览图形的打印效果。
> ▶ "高级设置"可设置图形的多种选项,如颜色、字体、样式等。
> ▶ "网线"复选框选空后,图形背景将不显示网格线。
> ▶ "三维显示"复选框选空后,图形不以 3D 效果显示。
> ▶ "显示标识"复选框选空后,图形上的文字标识将不显示。
> ▶ "显示图例"复选框选空后,图形右方的图形将不显示。

(三)科目对比分析

分析 2008 年各月原材料所占产成品的比重。

操作步骤如下:

(1)单击菜单"审计分析"→"科目对比分析"或工具按钮"对比",打开"科目对比分析"窗口,如图 3-45 所示。

(2)输入年份:2008;单击"分子科目选择",选择"原材料"为分子科目;单击"分母科目选择",选择"库存商品"为分母科目;两个科目均选择"借方发生",用借方发生额进行比较。

(3)单击"分析"按钮,显示原材料与产成品的比较分析结果,如表 3-1 所示。

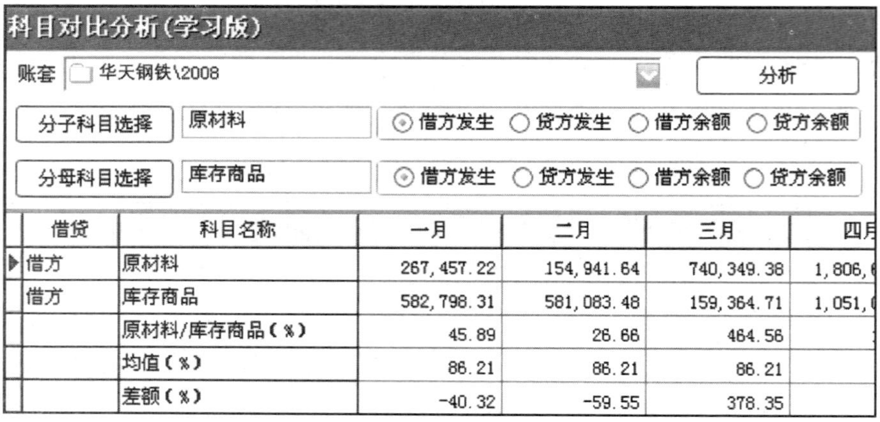

图 3-45 科目对比分析

(4)数据表分析。

表 3-1 数据表分析

%

借贷	科目名称	1月	2月	3月	4月
借方	库存商品	582 798.31	581 083.48	159 364.71	1 051 072.79
借方	原材料	267 457.22	154 941.64	740 349.38	1 806 686.46

续表

借贷	科目名称	1月	2月	3月	4月
	差额	-40.32	-59.55	378.35	85.68
	均值	86.21	86.21	86.21	86.21
	原材料/库存商品	45.89	26.66	464.56	171.89
借贷	科目名称	5月	6月	7月	8月
借方	库存商品	1 639 111.07	1 821 231.42	1 235 865.21	432 626.78
借方	原材料	609 174.74	920 213.18	1 260 987.20	858 557.91
	差额	-49.05	-35.68	15.82	112.24
	均值	86.21	86.21	86.21	86.21
	原材料/库存商品	37.16	50.53	102.03	198.45
借贷	科目名称	9月	10月	11月	12月
借方	库存商品	540 650.21	824 998.04	718 228.56	962 776.21
借方	原材料	1 050 397.81	450 469.01	716 689.07	259 023.27
	差额	108.07	-31.61	13.58	-59.31
	均值	86.21	86.21	86.21	86.21
	原材料/库存商品	194.28	54.6	99.79	26.9

从以上分析可以看到，abc公司2008年各月原材料所占库存商品的比重，平均为86.21%；2月份最低，只有26.66%；3月份最高，竟达464.56%，应作为审计疑点进一步查明原因。

> **"温馨提示"**
>
> ➤ 在"科目对比分析"窗口中，输入会计年度，选择分子、分母科目及其借贷方向，然后执行查询，即可得到分子、分母科目的对比分析结果。
>
> ➤ 分析结果可以按字段标题排序；双击疑点数据，可以打开"查账"窗口，查看分类账；通过鼠标右键菜单可以作进一步处理，如发送到工作底稿等。

（四）对方科目分析

对12月份借方银行存款的对应科目进行分析。

（1）打开项目，选择"审计分析"→"对方科目分析"。

（2）单击"选择本方科目"按钮，选择进行对方科目分析的会计科目，在"本方借贷选择"选项，可设置本方科目的发生方向。假设对12月份借方银行存款的对应科目进行分析，则本方科目选择"银行存款"，本方借贷选择"借方"，月份选择"200812"至"200812"，之后单击"分析"按钮，出现如图3-46所示对方科目分析结果。

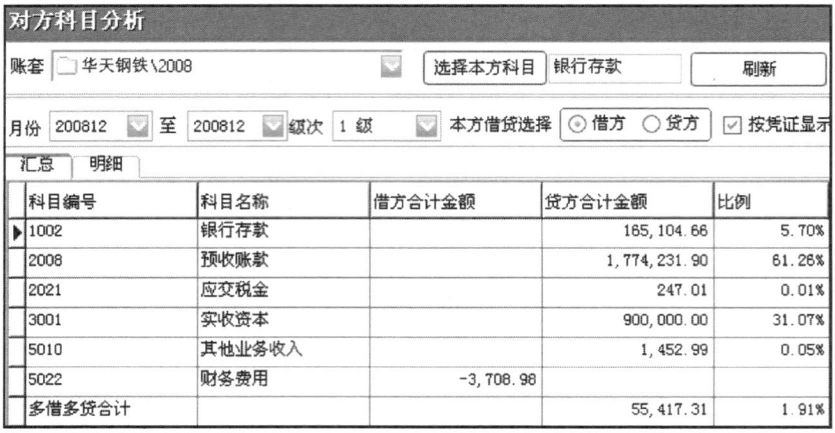

科目编号	科目名称	借方合计金额	贷方合计金额	比例
1002	银行存款		165,104.66	5.70%
2008	预收账款		1,774,231.90	61.26%
2021	应交税金		247.01	0.01%
3001	实收资本		900,000.00	31.07%
5010	其他业务收入		1,452.99	0.05%
5022	财务费用	-3,708.98		
多借多贷合计			55,417.31	1.91%

图 3-46 对方科目分析结果

（3）对方科目分析的结果列示出来，包括发生金额及比例，通过上述分析，即可大致掌握 12 月份银行存款流入的来源方向。用户可双击某对方科目查看分录明细，以单击“其他业务收入”为例，对方科目分析列示（明细）窗口如图 3-47 所示。

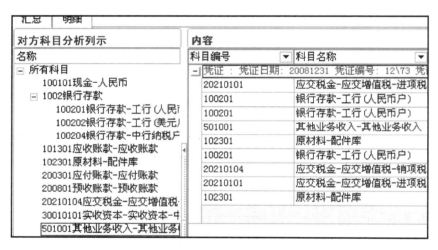

图 3-47 对方科目分析列示（明细）

（4）在实际使用该功能时，用户也可通过“高级设置”按钮设置本方科目及对方科目的筛选条件，详细设置这里不再赘述。

“温馨提示”

➤ 对方科目分析向导分为以下几个步骤：

① 选择本方科目（编号）；

② 设置本方科目筛选条件；

③ 选取对方科目；

④ 设置对方科目筛选条件；

⑤ 执行查询。

得到的分析结果包括对方科目汇总、来源明细以及由汇总双击产生的动态结果。

▶ 分析结果可以按字段标题排序；双击疑点分录，可以直接查看具体凭证；通过鼠标右键菜单可以作进一步处理，如发送到工作底稿等。

（五）摘要汇总分析

分析 2008 年凭证库中涉及银行存款科目的摘要分布情况，找出所占比例最大的摘要，查看其凭证。把贷方发生额最高的摘要放入疑点库中。

操作步骤如下：

（1）单击菜单"审计分析"→"摘要汇总分析"，打开"摘要汇总分析"窗口，输入会计期间 200801 至 200812，如图 3-48 所示。

（2）单击"全部科目"复选框，取消其选择状态；单击"选择科目"按钮，选择"1002 银行存款"科目，或直接在"科目"文本框中输入科目编号"1002"。

图 3-48 摘要汇总分析

（3）单击"分析"按钮，显示摘要汇总结果；单击标题"贷方比重"，按右键，从大到小排序，如图 3-49 所示。

摘要	频度	借方发生额	借方比重(%)	贷方发生额	贷方比重(%)
北方能源设备总厂往来款	7	1,500,000.00	7.4912	2,350,000.00	13.2684
北方能源设备总厂货款	3			1,291,281.20	7.2907
北方能源设备总厂转款	2			600,000.00	3.3877
北方能源设备总厂付款	2			580,000.00	3.2748
内蒙古包头北方奔驰汽车公司车头	1			523,000.00	2.9529
市国税局交增值税	3	256,745.28	1.2822	513,490.56	2.8992
北方能源设备总厂还款	2			500,000.00	2.8231
北方能源设备总厂划款	3	200,000.00	0.9988	500,000.00	2.8231
一月份增值税汇缴	3	242,856.59	1.2129	485,713.18	2.7424
本厂交税	3	221,041.38	1.1039	442,082.76	2.4961
北方兰陵钣焊厂货款	8			436,933.58	2.4670
支付材料款	2			380,000.00	2.1455
北方宏业涂料公司货款	1			282,036.64	1.5924
购汇	10	264,581.57	1.3214	264,710.71	1.4946
北方国税局交增值税	3	129,570.09	0.6471	259,140.18	1.4631
北方宏业涂料化工公司货款	1			242,963.36	1.3718
北方市国税局增值税	3	118,781.42	0.5932	237,562.84	1.3413
无形资产转让	2	1,200,000.00	5.9930	200,000.00	1.1292
BPW(梅山)车辆有限公司货款	1			174,000.00	0.9824
提现金	6			169,409.40	0.9565
汇总：		20,023,385.39	100.0000	17,711,252.38	100.0000

图 3-49 摘要汇总分析结果

（4）从摘要汇总分析结果中可以看到，在2008年的全部会计分录中，涉及银行存款科目的摘要共有582项不同的描述。其中贷方发生额最高的摘要是"北方能源设备总厂往来款"，发生7笔，金额高达2 350 000元。可以把该摘要作为疑点进行深入查证。

> **"温馨提示"**
>
> ▶ 执行摘要汇总分析之前，可以按月份设置要查询的会计期间，决定要分析特定的科目还是所有的科目。
> ▶ 摘要汇总分析结果包括不同摘要的总数，以及每一种摘要出现的频度、借方发生额及其比重、贷方发生额及其比重。可以按字段标题排序，通过鼠标右键菜单可以进一步处理，如发送到工作底稿等。

（六）科目多单位分析

选择"科目分析"→"科目多单位分析"，首先在"科目选择"中选择"项目\年度"，再选择需分析的会计科目，如管理费用。

（1）按同样操作选择多个"项目\年度"后，可根据会计科目类别，选择数据分析选项，可以是"期末余额""发生额"或"累计发生额"。如图3-50所示，选择"发生额"。

图3-50　科目多单位分析

（2）单击"分析"，即出现以图形形式展示的该科目多项目同年度同月份数据构成情况，如图3-51所示。

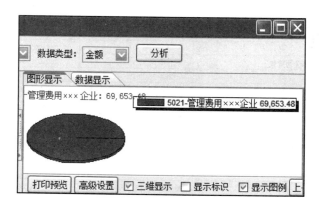

图3-51　科目多单位分析结果

七、课后拓展

1. 对比分析 2008 年产品销售收入与成本

操作步骤参考如下:

(1) 单击菜单"审计分析"→"科目趋势分析",打开"科目趋势分析"窗口。在"需出图科目"栏目中单击"全清",删除所有已选取的科目。

(2) 选择两个科目联动分析,科目选取"5001-主营业务收入""5002-主营业务成本"。

(3) 已选科目指定方向(5001:贷,5002:借)。

(4) 指定数据源类型为月发生额,进行分析。

从对比曲线可以看出,2008 年的产品销售收入与成本变化趋势基本一致,收入高于成本大约 30 万元,但是 12 月份的收入略低于成本,应作为疑点进一步查证。

2. 审查分析 2008 年预付货款的对方科目情况

操作步骤参考如下:

(1) 单击菜单"审计分析"→"对方科目分析",打开"对方科目分析"窗口。单击"选择本方科目"按钮,在弹出的"科目查询"窗口中,选择"1015 预付货款"作为本方科目。

(2) 本方借贷选择为"借方"。

(3) 月份为 2008 年 1 月到 12 月。

(4) 科目级次为一级。

(5) 单击"分析",系统根据已设置的本方科目、对方科目及其筛选条件,进行组合查询分析。

(6) 通过预付货款"对方科目分析"窗口所显示的分析结果,可以看到所有对方科目列表。

(7) 双击"汇总"选项卡下对应科目"应收票据",则显示对应的应收票据凭证列表,可以看到涉及预付货款的凭证均是因为调整科目而发生的。

(8) 可以进一步双击查看凭证。

(9) 分析。使用对方科目分析向导进行综合审查分析可以看到,2008 年预付货款科目的对方明细科目只有"101202 应收票据-银行承兑汇票"科目,这是因为调整科目串户或冲销已有凭证引起的,该公司记账凭证差错率比较高。

3.1.5 审计抽样

一、活动描述

审计抽样可以帮助审计人员迅速、高效地检验和计算数量极大的数据和为数众多的会计事项。审计抽样是审计人员在实施审计程序时,从审计对象总体中选取一定数量的样本进行测试,并根据测试的结果,推断审计对象总体特征的一种方法。审易软件提供了 PPS 抽样、固定样本量抽样、停走抽样、发现抽样四种抽样方法。下面利用抽样审计系统自带项目 2008 年财务数据进行。

二、单元目标

【知识目标】

(1) 理解审计抽样的基本概念;

（2）掌握审计抽样的基本功能；
（3）掌握审计抽样的基本操作。

【技能目标】
（1）会运用PPS抽样工具进行抽样；
（2）会运用固定样本量抽样工具进行抽样；
（3）会运用停走抽样工具进行抽样；
（4）会运用发现抽样工具进行抽样；

【素质目标】
（1）培养学生运用多种抽样方法和工具进行审计抽样的素质；
（2）培养学生谨慎务实的审计职业能力。

三、情景导入

审计抽样，是指注册会计师对某类交易或账户余额中低于百分之百的项目实施审计程序，使所有抽样单元都有被选取的机会。审计抽样旨在帮助注册会计师确定实施审计程序的范围，以获取充分、适当的审计证据，得出合理的结论，作为形成审计意见的基础。抽样审计不同于详细审计。详细审计是指百分百地审计对象总体中的全部项目，并根据审计结果形成审计意见；而抽样审计是从审计对象总体中根据统计原理选取部分样本进行审计，并根据样本推断总体并发表审计意见。

审计抽样按抽样决策依据不同分类，分为统计抽样和非统计抽样；按审计抽样目的与种类不同分类，分为属性抽样和变量抽样。那么，审易软件都提供了哪些审计工具？如何运用这些审计工具进行抽样呢？

四、操作要求
（1）PPS抽样：对所有凭证借方金额进行PPS抽样。
（2）固定样本量抽样：对所有凭证借方金额进行固定样本抽样。
（3）停走抽样：对所有凭证贷方金额进行停走抽样。
（4）发现抽样：对所有凭证借方金额进行发现抽样。

五、知识链接
（一）统计抽样和非统计抽样
1. 统计抽样

统计抽样是指根据概率论原理和数理统计原理，按照随机原则，从被查总体中抽取部分样本推断总体特征的一种审计抽样。

1）优点

能科学地确定抽样规模；总体各项目都有被抽中的机会，可防止主观臆断；能把抽样误差控制在预先给定的范围内（能量化控制抽样风险以及定量评价样本结果）；便于促使审计工作规范化。

2）缺点

技术复杂，成本高。

2. 非统计抽样

非统计抽样是指审计人员凭借自己的业经验和判断能力来确定抽查样本的数量与构成分布，并根据自己的执业经验和判断能力推断总体特征的一种审计抽样。其特征是较多地运用专业判断，需要经验积累。

1）优点

简单易行，成本低；

2）缺点

主观判断多，相机性较大，需要很多的经验积累。

3. 统计抽样和非统计抽样的相同点

都需合理运用专业判断；都可以提供审计所要求的充分、适当的证据；都存在某种程度的抽样风险和非抽样风险。

4. 统计抽样和非统计抽样的根本区别

统计抽样时利用概率法则来量化和控制抽样风险；而在非统计抽样中，注册会计师全凭主观标准和个人经验确定样本规模并评价样本结果。

（二）属性抽样和变量抽样

1. 属性抽样

属性抽样是指对总体某一属性的发生率进行推断的一种抽样审计方法。属性抽样是对合格、不合格、达标、不达标等的判断，是变量抽样的对称。注册会计师在控制测试中使用的抽样就是属性抽样。属性抽样的目的是测试某一特定控制的偏差率（偏差的发生率），以支持评估的控制有效性。属性抽样通常用于控制测试，当注册会计师通过控制测试认为内部控制有效执行时，才能加以信赖。

属性抽样特点：在属性抽样中，设定控制的每一次发生或偏离都被赋予同样的权重，而不管交易的金额大小。例如，被审计单位规定对销售发票要逐张复核。如有2张销售发票未经复核，就发生了2例控制偏差。虽然这2张发票的金额分别10万元和1万元，金额差异很大，但被视为相同的偏差。可见，属性抽样的精细程度仅能达到是否有效的定性层次，达不到定量层次，工作不太细致。

2. 变量抽样

变量抽样是指对达标的程度判断。如果注册会计师使用抽样的目的是对总体金额（通常是错报额而不是正确额，因为审计的目的是查错而不是评优）得出结论（细节测试），以确定记录金额是否正确（是否不存在重大错报），就称为变量抽样。根据实质性测试的目的和特点所采用的审计抽样称为变量抽样。

变量抽样可用于确定账户金额是多是少、是否存在重大误差等。变量抽样稽查方法通常用于：检查应收账款的金额；检查存货的数量与金额；检查工资费用；检查交易活动，以确定未经适当批准的交易金额。它的目标是估计总体金额或者总体中的错误金额。可见，变量抽样是针对总体的金额而得出的结论。如果说属性抽样是定性抽样，那么变量抽样就是定量抽样。

变量抽样分为传统变量抽样和货币单元抽样，前者是传统变量抽样，运用正态分布理论，根据样本结果推断总体的特征。货币单元抽样是个"混血儿"，它运用属性抽样的原理得出以金额表示的结论，同时具备属性抽样与变量抽样的特征。

（三）审计抽样的一般步骤

1. 样本设计

在审计抽样中，样本设计阶段的工作主要包括以下几个步骤：

（1）确定测试目标；

（2）定义总体与抽样单元，注册会计师应当确保总体的适当性和完整性；

（3）定义误差构成条件。

2. 选取样本

（1）确定样本规模；

（2）选取样本；

（3）对样本实施审计程序。

3. 评价样本结果

（1）分析样本误差；

（2）推断总体误差；

（3）形成审计结论。

当控制的运行留下轨迹时，注册会计师可以考虑使用审计抽样实施控制测试；在实施细节测试时，注册会计师可以使用审计抽样获取审计证据。

（四）抽样方法

审易软件提供了 PPS 抽样、固定样本量抽样、停走抽样、发现抽样四种抽样方法。审易软件提供的抽样方法及其特点如表 3-2 所示。

表 3-2 审易软件提供的抽样方法及其特点

抽样类型	抽样特点
PPS 抽样	PPS 抽样是属性抽样的一个变种，代表样本和容量成正比的概率抽样，即大金额抽中概率高，小金额也能随机地被均匀抽中；适用于实质性测试和合规性测试；通过检查样本的错误金额，来估计总体的错误金额（而不是错误的比率），并在抽样结果的基础上，计算总体错误上限；能自动对抽样总体进行分层，大金额的错误容易被发现
固定样本量抽样	固定样本量抽样又称固定样本规模抽样，是基本的属性抽样方法，根据公式或表格确定固定的样本数量进行审查，并以全部样本审查结果推断总体
停走抽样	停走抽样是固定样本量抽样的一种改进形式，一边抽样审查，一边判断分析，一旦能满足抽样要求，即终止审查，并根据已得到的样本审查结果推断总体；在总体错误率较小的情况下，停走抽样会进一步提高审计效率
发现抽样	发现抽样是固定样本量抽样的一种改进形式，先假定总体错误率为零，在审查了一定的样本以后，若一个错误也没有发现，就作出审计结论；若发现错误，就改用其他方法继续抽样审查或停止审计抽样进行详查；适用于对关键控制点的测试，以期发现故意欺诈和舞弊行为

在这四种抽样方法中，PPS 抽样可以直接在"查询"窗口中作为查询条件定义。

1.PPS 抽样

1）定义

PPS 抽样（Probability Proportionate to Size）（以下简称 PPS）是一种运用属性抽样原理对货币金额而不是对发生率得出结论的统计抽样方法。PPS 抽样是以货币单位作为抽样单元进行选样的一种方法，有时也称为金额加权抽样、货币单位抽样、累计货币金额抽样以及综合属性变量抽样等。

2）优点

不需要计算标准离差，而且不用抽取初始样本；能自动对抽样总体进行分层，大金额的错误容易被发现；其样本量小于差额估计各单位均值估计抽样。PPS抽样作为查询的条件之一，视同于其他的查询条件，但PPS抽样只能对数值型字段起作用，对字符型字段无效。PPS抽样代表样本和容量成正比的概率抽样，其特点是面值越大，抽中的概率越大，小面值的样本也抽，概率较小。

PPS模型来自美国注册会计师协会《审计标准说明》第39号（SAS39），它的理论来源是泊松概率分布。它是数量型抽样，手动审计虽然可以达到审计抽样的目的，但用计算机可以提高审计效率几十倍。

3）基本原理

（1）根据需要抽样的字段，做一个货币数轴，将每一张待抽的样本按其票面的账值依次放入货币数轴；

（2）根据风险水平等参数确定货币数轴的抽样间距；

（3）根据产生的随机数种子，在总体样本中抽样，抽样点落入的那张样本就是被抽中样本。

4）参数设置

PPS参数设置有两部分：第一部分为风险水平，风险水平代表抽样的风险，与可靠性成反比，审易软件设置了三档风险水平，分别为10%（可靠性90%）、5%（可靠性95%）、2.5%（可靠性97.5%）；第二部分为抽样误差，一般取不大于10%，抽样误差代表与总体之间的差异，原则上应取1%~3%。PPS抽样参数的设置是通过右键选取的，在查询时，如果查询条件中有PPS抽样，将分两次进行查询操作：第一次操作选取满足其他查询条件的结果作为中间库，第二次操作是实施PPS抽样，最终产生查询结果。

2. 固定样本抽样

固定样本抽样也叫固定样本规模抽样，是一种应用最基本的最为广泛的属性抽样方法。它是根据公式或表格确定固定的样本数量进行审查，并以全部样本审查结果推断总体的一种审计抽样方法，是通过对样本审计结果对会计总体的属性进行估计的典型抽样审计方法。

固定样本抽样有三部分：第一部分为可靠性，分别为可靠性90%、可靠性95%、可靠性99%；第二部分为估计的错误率，一般取不大于10%，抽样误差代表与总体之间的差异，原则上应取1%~3%；第三部分为最大允许的错误率，在1%~10%。

3. 停走抽样

停走抽样是固定样本量抽样的一种改进形式，是一边抽样审查，一边判断分析，一旦能满足抽样要求，即终止审查，并根据已得到的样本审查结果推断总体的一种审计抽样方法。在总体错误率较小的情况下，停走抽样会进一步提高审计效率。

在停走抽样时，当审计人员观察到零个或预先规定的错误个数发生时，即可停止继续抽样。它尤其适用在审计人员估计会计错误为低错误率时使用，因为如果在此时使用固定样本容量属性抽样，将产生大的样本容量，会降低审计效率。

停走抽样参数设置有三部分：第一部分为可靠性，分别为可靠性 90%、可靠性 95%、可靠性 99%；第二部分为估计的错误率，一般取不大于 10%，抽样误差代表与总体之间的差异，原则上应取 1%~3%；第三部分为最大允许的错误率，在 0~50%。

4. 发现抽样

发现抽样是属性抽样的一种专门方式；发现抽样也是审计人员根据情况而使用的一种抽样技术，是固定样本量抽样的一种改进形式。审计人员相信会计总体的发生错误率很低，接近于零时，可使用发现抽样。发现抽样是先假定总体错误率为零，在审查了一定的样本以后，若一个错误也没有发现，就作出审计结论；若发现错误，就改用其他方法继续抽样审查或停止审计抽样进行详查的一种审计抽样方法。发现抽样用来得到一个大到足以找出一个错误的样本容量。

发现抽样参数设置有两部分：第一部分为可靠性，在 1%~100%；第二部分为最大允许的错误率，在 0.3%~2%。它适用于十分关键的控制点，意图发现故意欺诈和舞弊行为的会计科目，如现金。

六、技能训练

（一）PPS 抽样

在查询中可以使用 PPS 抽样，比如要对所有凭证借方金额进行 PPS 抽样。具体操作如下：

（1）与查询的操作一样，首先单击主界面位于审易工具区域的"查询"快捷按钮，弹出一个查询窗口。

（2）设置查询条件，在"条件"下的框中选择"PPS"，如图 3-52 所示。

图 3-52　条件选框

（3）在"值"下的框中单击鼠标右键，弹出右键下拉菜单，选择"PPS 抽样"菜单，弹出如图 3-53 所示"PPS 抽样参数设置"窗口，设置参数。

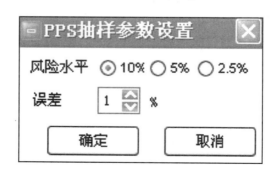

图 3-53　PPS 抽样参数设置

（4）选择"风险水平"和"误差"，选择后单击"确定"按钮。
（5）在查询窗口中单击"查询"按钮，弹出PPS抽样结果窗口，如图3-54所示。

图3-54　PPS抽样结果

┌─┤ "温馨提示" ├─
▶ 在向导引导下，抽样的步骤包括选择抽样类型、库表、字段、条件，设置可靠性、误差或错误率，最后执行抽样，显示抽样结果。
▶ 只有PPS抽样能够设置附加的抽样条件，但PPS抽样只能选择数值型字段（如借方金额或贷方金额）作为抽样字段。

（二）固定样本抽样
对所有凭证借方金额进行固定样本抽样。
（1）单击快捷按钮"抽样"→"抽样向导"，或单击工具栏"抽样"→"抽样向导"，打开"审计抽样向导"窗口。单击"第一步"，选择抽样类型为"固定样本抽样"（显示为属性抽样）。
（2）单击"下一步"，选择凭证库。
（3）单击"下一步"，选择借方金额抽样字段。
（4）单击"下一步"，设置可靠性为97.5%。
（5）单击"下一步"，设置误差率为1%、错误率为0.25%。
（6）单击"执行"和"确定"按钮，弹出固定样本抽样结果，如图3-55所示。

图 3-55 固定样本抽样结果

（三）停走抽样

对所有凭证贷方金额进行停走抽样。

（1）单击快捷按钮"抽样"→"抽样向导"，或单击工具栏"抽样"→"抽样向导"，打开"审计抽样向导"窗口。单击"第一步"，选择抽样类型为"停走抽样"。

（2）单击"下一步"，选择凭证库。

（3）单击"下一步"，选择贷方金额抽样字段。

（4）单击"下一步"，设置可靠性为97.5%。

（5）单击"下一步"，设置误差率为1%、错误率为1%。

（6）单击"执行"和"确定"按钮，弹出停走抽样结果，如图3-56所示。

图 3-56 停走抽样结果

（四）发现抽样

对所有凭证借方金额进行发现抽样。

（1）单击快捷按钮"审计抽样"→"抽样向导"，或单击工具栏"抽样"→"抽样向导"，打开"审计抽样向导"窗口。单击"第一步"，选择抽样类型为"发现抽样"，如图3-57所示。

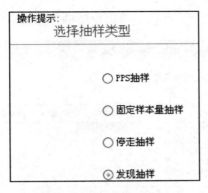

图 3-57 选择抽样类型

（2）单击"下一步"，选择凭证库。
（3）单击"下一步"，选择借方金额抽样字段。
（4）单击"下一步"，设置可靠性为 97.5%，如图 3-58 所示。

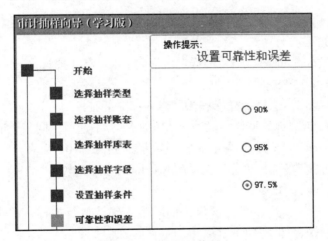

图 3-58 设置可靠性

（5）单击"下一步"，设置误差率和错误率，允许错误率为 0.1%，如图 3-59 所示。

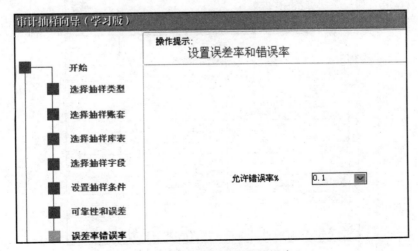

图 3-59 设置误差率和错误率

（6）单击"执行"和"确定"按钮，弹出发现抽样结果，如图 3-60 所示。

图 3-60　发现抽样结果

七、课后拓展

使用 PPS 抽样工具或菜单栏，抽查发生应收账款的凭证，并评价抽样。

操作步骤参考如下：

（1）单击快捷按钮"抽样"→"抽样向导"，打开"审计抽样向导"窗口。单击"第一步"，选择抽样类型为"PPS 抽样"。

（2）单击"下一步"，选择抽样库表为"转入库—凭证库"。

（3）单击"下一步"，选择抽样字段为"借方金额"，不选择"同张凭证"或"借贷同抽"。

（4）单击"下一步"，设置抽样条件为"科目编码　象　1013"

（5）单击"下一步"，选择可靠性为 97.5%（即风险为 2.5%）。

（6）单击"下一步"，设置误差率为 1%。

（7）单击"下一步"，弹出确认窗口，询问是否确认执行抽样，单击"确定"，系统自动计算并显示抽样结果，如图 3-61 所示。

图 3-61　PPS 抽样结果

显示的抽样结果中有 125 条记录，其中最上面的 10 条记录用于反映 PPS 抽样的总体情况。在凭证库中，与"1013 应收账款"科目有关的记录共有 524 条，按照风险为 2.5%、误差为 1% 的 PPS 抽样参数，共抽得 115 条记录，PPS 抽样总比达到 21.95%，其中重点样本账值占总体 79.46%。可以对重点样本进一步审查，以发现审计线索或作出评价。

（8）单击快捷按钮"抽样"→"评价向导"，打开"抽样评价向导"窗口。选择已执行的审计抽样名称，调入并审查审计抽样结果，输入评价数据后，即可得到对该抽样的评价结果，评价结果显示：基于统计抽样证明，审计人员有 97.5% 的把握确信，该抽样总体错误率不超过 3.22%，如图 3-62 所示。

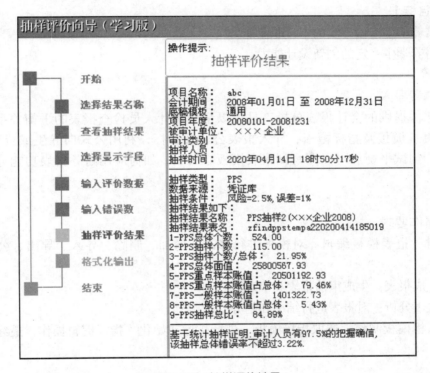

图 3-62 抽样评价结果

3.1.6 财务报表

一、活动描述

审计工作需要的财务报表五花八门，为了满足审计工作的需要，审易软件提供了财务报表功能，它主要包括财务报表模板、报表结构分析、报表趋势分析、报表经济指标分析工具。本单元利用财务报表功能对系统自带项目 2008 年财务数据进行报表结构及经济指标分析。

二、单元目标

【知识目标】

（1）理解财务报表的基本概念；

（2）掌握财务报表的基本功能；
（3）掌握财务报表的基本操作。

【技能目标】
（1）会编辑财务报表；
（2）会进行报表结构分析；
（3）会进行报表趋势分析；
（4）会进行报表经济指标分析。

【素质目标】
（1）培养学生谨慎务实的审计职业能力；
（2）培养学生一定的创新设计能力。

三、情景导入

审易软件提供的会计报表分析工具可以帮助审计人员检查报表的平衡关系。它通过设定标准报表模板及指标模板，导入报表公式及指标，利用公式向导生成资产负债表、利润表等，测试平衡后可以回写到报表模板。那么，如何应用财务报表功能分析财务报表呢？

四、操作要求

（1）财务报表模板编辑：对模板进行修改、增加、删除、导入、导出、公式设置等操作。
（2）生成报表：生成审前报表和审定表。
（3）报表分析：对报表进行结构和趋势分析。
（4）指标模板制作：选取指标模板，进行指标初始化、指标编辑操作，最终得到分析结果。

五、知识链接

（一）财务报表

1. 财务报表模板

审计工作需要的财务报表五花八门，为了满足审计工作的需要，以制定模板的方式来实现，例如企业单位报表、事业单位报表，等等，因此在财务报表功能中设置了财务报表模板项目。

2. 审前报表

审前报表指未经审计人员调整或确认的被审计单位的原始财务报表。

3. 审后报表

审后报表指经审计人员调整或确认的被审计单位的财务报表，制定审后报表模板与制定审前报表模板的区别是对未审数据的调整设置取数公式，审定数是期末未审数与调整数加减运算的计算结果。

财务报表不局限于资产负债表和利润表，审计人员根据工作需要可自由制定其他财务报表，并且财务报表可发送至审计底稿。不论审前报表还是审后报表，均要保存报表数据到数据库，否则，报表数据汇总、财务指标和杜邦分析就无法取到相应数据。操作时，进入"审前"或"审后"界面，在界面的菜单中单击"数据"下的"提取报表数据"即可。

（二）报表结构分析

此功能主要是分析财务报表的结构比，通过对资产负债表的年初数和期末数结构进行分析，反映资产负债表的组成状况。通过对利润及利润分配表的本期数和累计数进行分析，反映利润构成情况，这为审计人员全面了解被审计单位的情况提供支持。

（三）经济指标

经济指标中的相关数据来自报表、余额表、指标。来自报表是指有些指标需要从报表项中取数。来自余额表是指有些指标要取自科目的数据。来自指标是指有的指标是来自指标间的运算结果，指标的取数公式设置也是通过模板来实现的，指标模板与报表模板相对应。

六、技能训练

（一）财务报表模板

在财务报表模板中定义货币资金公式。

（1）选择菜单"报表分析"→"财务报表"，打开"财务报表"窗口，如图3-63所示。

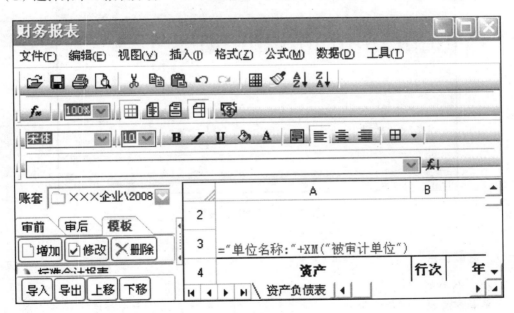

图3-63 财务报表

单击"模板"页签，打开财务报表模板（以下简称报表模板），通过报表模板可以对模板进行修改、增加、删除、导入、导出等操作，如果审计人员需要从系统外导入报表格式，可以导入的报表文件至少包括华表和Excel报表，导入后均可以进行公式设置。

（2）定义公式。选中要设置取数的单元格，单击"*fx*"，弹出取数公式设置界面也就是报表公式向导界面，如图3-64所示。

图 3-64 报表公式向导

先双击选择取数公式，在右下侧科目的下拉复选框中选择标准科目模板或本项目原始科目，同时对所定义的科目设置其级次，然后双击取数科目，如果是多个科目，可以连续双击，单击"确定"按钮，完成取数公式设置（报表公式设置）。

（3）取货币资金报表项目年初借方余额。首先双击"年初借方余额"，在右下侧科目的下拉复选框中选择"标准科目"模板，然后双击"现金""银行存款""其他货币资金"，单击"确定"按钮，完成货币资金报表项目的取数公式设置，如图 3-65 所示。

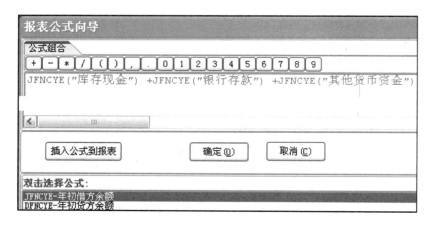

图 3-65 取数公式设置

"温馨提示"

取数公式特别说明：
➤ 借方余额表示借方金额减去贷方余额，贷方余额表示贷方金额减去借方余额。
➤ 借方余额（末级）表示明细科目中的借方余额相加，贷方余额（末级）表示明细科目中贷方余额相加。
➤ 结转发生额表示结转凭证中的发生额。
➤ 辅助账余额表示辅助项目的借方余额相加或贷方余额相加。
➤ 项目信息表示获取有关项目的有关参数。

（二）审前报表

（1）单击"审前"页签，打开审前报表。

（2）审前报表主要用来浏览各月报表数据，例如单击3月，就会浏览当月的报表数据，如图3-66所示。

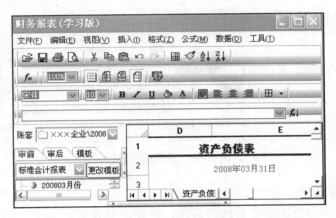

图3-66 报表数据

如果生成的报表数据与被审计单位提供的报表数据不符，应检查出现不符的原因，基本上有两个原因：一是引用的报表模板相对这个单位缺少报表项目；二是项目公式设置有问题。

（三）审定表

（1）单击"审后"页签，打开审后报表。审后报表有两个页签，即试算平衡表和审定表，并且两个表有先后操作顺序，先浏览试算平衡表，再查审定表。

（2）审定表可浏览各月报表数据，例如单击1月，就会浏览当月的报表数据，如图3-67所示。

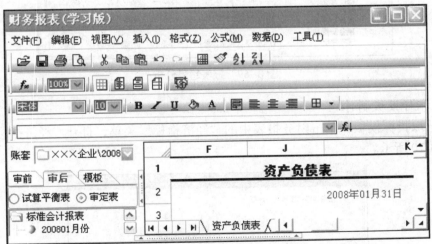

图3-67 审定表

（四）报表结构分析

（1）首先选取"单位\年度"，报表类别选择"资产负债表"，然后选择分析数据和月份，如分析数据选择"年初数"，月份选择"200812"等条件。

（2）完成参数设置后单击"分析"，显示分析结构图形，单击右键可以选择图形类型，如图3-68所示。

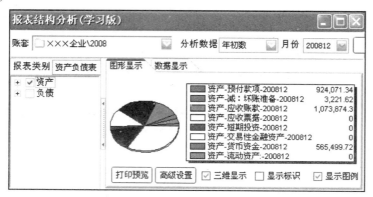

图3-68　报表结构分析

（五）报表趋势分析

此功能主要用来分析报表项目的趋势图，例如，报表类别选择"利润及利润分配表"，月份选择"200801"至"200812"，同时通过"项目选择"选择要分析的报表项目为"业务收入"，设置好参数后，单击"分析"，显示分析结果，如图3-69所示。

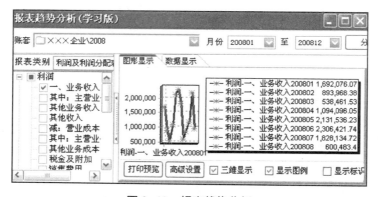

图3-69　报表趋势分析

（六）指标模板制作

（1）选取指标模板，单击财务报表中的"经济指标"菜单，打开"经济指标向导"窗口，如图3-70所示。

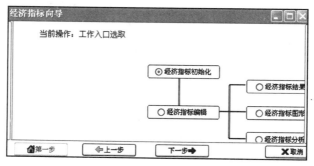

图3-70　指标模板

（2）如图 3-70 所示，单击"下一步"或"指标模板管理"，进入经济指标编辑界面，如图 3-71 所示。

在窗口的左侧可"增加指标""删除指标""设置类型""设置说明段"；在窗口右侧可对左侧增加的指标添加公式。在窗口的最上面可进行"指标模型设置"并"导入比较数据"。下面对这些按钮进行解释：

图 3-71 经济指标编辑

"增加指标"表示建立一个新的指标，为其命名并选择其指标类型，如图 3-72 所示。

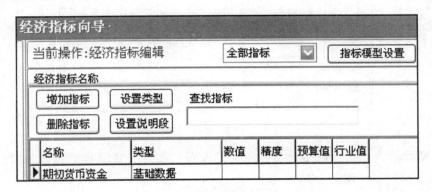

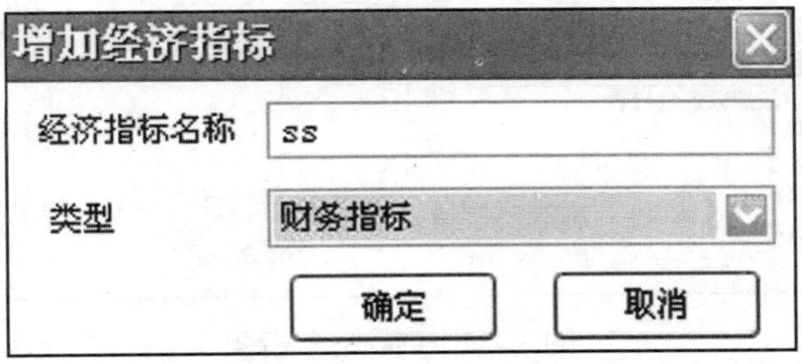

图 3-72 增加指标

"删除指标"表示如果用户认为已存在的指标没有意义，可通过此按钮将其删除。

"设置类型"表示每一个指标都有它的属性，如"经营指标""税务指标""通用指标"等，可为其定义属性。

"设置说明段"表示可对每个单一指标进行说明，在经济指标编辑界面双击某一个指标，可以查看该说明内容。

"增加公式"表示指标的取数来源有三个：报表、余额表、单个指标。在设置公式时，需要从哪里取数，就将相应页签打开，选取所需的公式因素后，单击"确定"按钮即可，如图 3-73 所示。

单击"选取以前年份"的下拉按钮，会出现"-1"到"-7"的显示，如果被稽查数据是从 2001 年到 2006 年的，选择"-1"，则代表指标数据需要引用 2005 年的数据，选择"-2"则说明需要引用 2004 年的数据，以此类推，这种指向是动态的。

"首月"表示第一个月；

"同月"表示每年的同一个月份；

"末月"表示最后一个月。

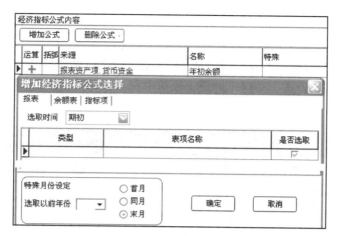

图 3-73　增加公式

"指标模型设置"表示对多个指标组合的设置，并对一些组合定义某一模型名称，如"税务指标组合分析"，如图 3-74 所示。

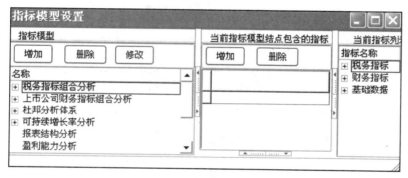

图 3-74　指标模型设置

"导入比较数据"表示审计时，仅对指标自身的数据进行分析是不够的，如果能获取比较数据，指标分析会更有意义。通过"导入比较数据"，可以将同行业、计划值、预算值等比较数据导入系统内，与当前项目的指标进行对比分析，如图 3-75 所示。

（3）在指标编辑窗口单击"下一步"，弹出如图 3-76 所示"经济指标向导"窗口，选取观看经济指标结果形式，包含"经济指标结果""经济指标图形"和"经济指标分析"三种，这三种都是经济指标结果的不同显示窗口。

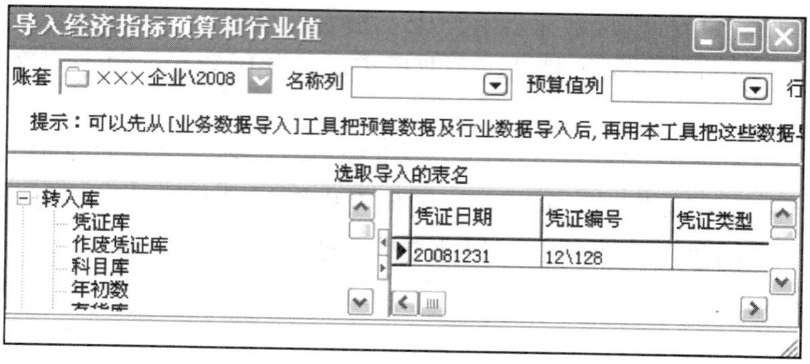

图 3-75　经济指标

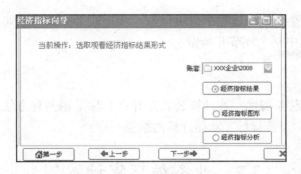

图 3-76　经济指标向导

（4）选择"经济指标结果"，单击"下一步"，显示结果如图 3-77 所示。

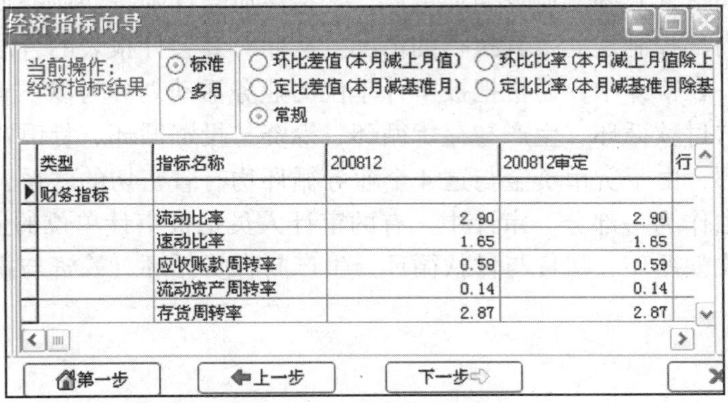

图 3-77　经济指标结果

（5）单击"上一步"，选择"经济指标图形"，再单击"下一步"时，出现"经济指标图形"界面，可以双击相应的指标项，比如"流动比率"，单击"出图"后，出具相关的图例，如图 3-78 所示。

如图 3-78 所示，对每个指标均做了 5 种类型的分析，分别是"常规""定比（增量）""定比（比率）""环比（增量）""环比（比率）"。关于定比与环比的算法，在定比与环比图形的右侧有相关的解释，这里不做讲解。

在出具经济指标时，会提示选择"基准月份"，因为在出定比图形时，需要与基期月作比较，所以要根据实际稽查的需要指定基期月份。

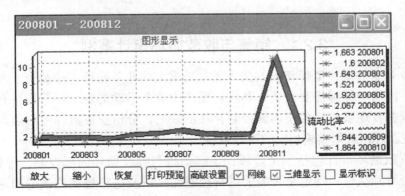

图 3-78　经济指标图例

在报表与指标的整个分析过程中，可以按"步进式"方式一步步去做，也可以随时单击"第一步"，选择其中某个环节开始做。

七、课后拓展

你都学习过哪些财务指标？其计算公式是什么？你采用何种方法计算？是否与审易软件的"财务报表"→"经济指标"功能计算的结果一样？

3.2 业务循环审计案例

业务循环是指处理某类经济业务的工作程序和先后顺序。划分业务循环的目的在于保证审计质量、提高审计效率。业务循环审计，是指注册会计师按照业务循环了解、检查和评价被审计单位内部控制建立及其执行的情况，从而对其会计报表的合法性、公允性进行审计的一种方法。在审计中，通常把被审计单位的业务活动划分为以下4个循环：销售与收款循环、购货与付款循环、生产与存货循环、筹资与投资循环。货币资金的使用管理贯穿于整个业务循环，由于货币资金与这4个业务循环均有着密切的联系，且具有明显的特征，因此将其单独作为一部分。审计中，有的审计人员把被审计单位的业务活动划分为5个循环：销售与收款循环、购货与付款循环、生产与存货循环、筹资与投资循环、货币资金循环。

【任务提出】

销售与收款循环审计过程主要包括确定销售与收款循环审计目标，了解销售与收款循环内控、销售与收款循环内控测试、销售与收款循环实质性测试。在项目二计算机审计准备阶段已经做了内控测评，通过对审易软件的基本功能学习，学生已掌握了审计实施阶段审易工具的使用方法，那么如何运用自己所掌握的工具来完成对华天审计项目2019年度的业务循环审计呢？

【任务实施】

单元活动一（3.2.1） 销售与收款循环审计案例。

3.2.1 销售与收款循环审计案例

对大多数企业来说，销售与收款循环通常是重大的业务循环，涉及企业经营活动的主要资金运作。注册会计师需要对销售和收款循环中业务活动的各个环节进行充分的了解和记录，通过调查发现被审计单位内部控制存在的缺陷，分析业务流程中可能发生的重大错报，评价内控设计，进而实施相应的审计程序。

销售与收款循环审计包括三个阶段：了解销售与收款循环内部控制，评价控制设计，并确定其是否得到执行；确定是否需要进行控制测试以及进行控制测试的程序；完成销售与收款循环各个项目的实质性程序。它涉及的主要账户有营业收入、其他业务收入、应收账款、坏账准备、销售费用、其他应收款、预收账款、应交税费等。

下面以营业收入为例说明销售与收款循环审计过程。

一、活动描述

销售与收款循环的活动流程为订货（订货单）→销售单（销售单——发生认定）→批准赊销（计价和分摊）→发货→装运凭证（提货单——发生、完整性）→开票（销售发票——发生、完整性、准确性、计价和分摊）→记账（发生、完整性、准确性、计价和分摊）。下面根据被审计单位提供的主要凭证和会计记录等资料，进行销售与收款循环审计工作。

（一）工作底稿分工（表3-3）

表3-3 工作底稿分工

审计项目		编制人	一级复核人
销售与收款	营业收入审计	高铭	付楚
	应收账款审计	高铭	付楚
	其他项目审计	高铭	付楚

（二）审计相关资料

1. 营业收入明细表（1—11月）（表3-4和表3-5）

表3-4 2019年1—11月营业收入明细表

元

会计科目	1月	2月	3月	4月
营业收入	6 361 608.00	7 219 782.00	6 162 989.00	3 326 227.00
—螺纹钢	1 280 000.00	768 000.00	1 920 000.00	640 000.00
—钢坯	2 250 000.00	750 000.00	2 100 000.00	900 000.00
—高速线材	2 249 860.00	3 374 790.00	1 124 930.00	1 349 916.00
—普通线材	581 748.00	2 326 992.00	1 018 059.00	436 311.00
其他业务收入	132 000.00	79 200.00	198 000.00	66 000.00
—设备安装	132 000.00	79 200.00	198 000.00	66 000.00
—废钢	0.00	0.00	0.00	0.00
—房租收入	0.00	0.00	0.00	0.00
合计	6 493 608.00	7 298 982.00	6 360 989.00	3 392 227.00
会计科目	5月	6月	7月	8月
营业收入	6 470 737.00	5 941 751.00	7 493 894.00	4 804 087.00
—螺纹钢	512 000.00	1 792 000.00	1 408 000.00	1 152 000.00
—钢坯	1 500 000.00	1 650 000.00	450 000.00	1 350 000.00
—高速线材	3 149 804.00	899 944.00	3 599 776.00	1 574 902.00
—普通线材	1 308 933.00	1 599 807.00	2 036 118.00	727 185.00
其他业务收入	184 800.00	145 200.00	118 800.00	39 600.00
—设备安装	184 800.00	145 200.00	118 800.00	39 600.00

续表

会计科目				
—废钢	0.00	0.00	0.00	0.00
—房租收入	0.00	0.00	0.00	0.00
合计	6 655 537.00	6 086 951.00	7 612 694.00	4 843 687.00
会计科目	9月	10月	11月	1—11月发生额
营业收入	4 290 513.00	6 643 468.00	6 127 244.00	64 842 300.00
—螺纹钢	384 000.00	896 000.00	2 048 000.00	12 800 000.00
—钢坯	1 050 000.00	2 400 000.00	600 000.00	15 000 000.00
—高速线材	674 958.00	2 474 846.00	2 024 874.00	22 498 600.00
—普通线材	2 181 555.00	872 622.00	1 454 370.00	14 543 700.00
其他业务收入	92 400.00	211 200.00	52 800.00	1 320 000.00
—设备安装	92 400.00	211 200.00	52 800.00	1 320 000.00
—废钢	0.00	0.00	0.00	0.00
—房租收入	0.00	0.00	0.00	0.00
合计	4 382 913.00	6 854 668.00	6 180 044.00	66 162 300.00

表 3-5 2019 年 12 月营业收入明细表

元

会计科目	1—11月发生额	12月	1—12月发生额
主营业务收入	64 842 300.00	5 285 000.00	70 127 300.00
—螺纹钢	12 800 000.00	1 690 000.00	14 490 000.00
—钢坯半成品	15 000 000.00	600 000.00	15 600 000.00
—高速线材	22 498 600.00	1 191 000.00	23 689 600.00
—普通线材	14 543 700.00	1 804 000.00	16 347 700.00
其他业务收入	1 320 000.00	1 772 800.00	3 092 800.00
—设备安装	1 320 000.00	660 000.00	1 980 000.00
—废钢	0.00	1 100 000.00	1 100 000.00
—房租收入	0.00	12 800.00	12 800.00
合计	66 162 300.00	7 057 800.00	73 220 100.00

2. 营业收入的上期金额（表3-6）

表 3-6 营业收入上期每月合计金额

1月	2月	3月	4月
5 519 566.80	6 204 134.70	5 406 840.65	2 883 392.95
5月	6月	7月	8月
5 657 206.45	5 173 908.35	6 318 536.02	4 020 260.21

续表

9月	10月	11月	12月
3 637 817.79	5 689 374.44	5 229 436.52	6 174 485.12

3. 本期营业收入和成本的比率

本期营业收入和成本的比率均值为164.30%；2019年12月增值税发票销项税合计913 072元，其中收到房租收入1 152元。

4. 大众安装公司C设备销售安装合同（图3-79）

图3-79 销售安装合同

5. 2020年1月部分收入情况汇总表（表3-7~表3-9）

表3-7 2020年1月部分收入情况汇总表1

元

记账日期	凭证编号	客户名称	货物名称	营业收入	增值税额
1月2日	转3	华钢工贸	普通线材	451 000	58 630
1月5日	转8	庆阳五金	95#钢坯	84 000	10 920
1月6日	收9	鞍山钢铁	25mm 螺纹钢	700 000	91 000

表3-8 2020年1月部分收入情况汇总表2

元

发票内容				
编号	日期	单价	数量	金额
N05843	2019年12月27日	4 510	100	451 000
N05844	2020年1月6日	3 000	28	84 000
N05844	2020年1月4日	3 500	200	700 000

表3-9 2020年1月部分收入情况汇总表3

元

发货记录			
日期	名称	数量	金额
2019年12月30日	普通线材	100	451 000

续表

发货记录			
日期	名称	数量	金额
2020年1月6日	95# 钢坯	28	84 000
2020年1月7日	25mm 螺纹钢	200	700 000

6. 2018年、2019年各月销售情况汇总表（表3-10）

表3-10　2018年、2019年各月销售情况汇总表

元

月份	主营业务收入		主营业务成本	
	2018年	2019年	2018年	2019年
1	2 300 000	6 361 608.00	1 800 000.00	3 011 000.00
2	3 100 000	7 219 782.00	2 520 000.00	3 352 100.00
3	2 186 000	6 162 989.00	1 983 000.00	3 532 100.00
4	4 680 000	3 326 227.00	4 380 000.00	2 162 100.00
5	4 100 000	6 470 737.00	3 800 000.00	3 362 100.00
6	3 320 000	5 941 751.00	3 020 000.00	3 082 100.00
7	4 000 000	7 493 894.00	3 470 000.00	5 152 100.00
8	3 909 000	4 804 087.00	3 389 000.00	3 332 100.00
9	2 987 000	4 290 513.00	2 500 000.00	3 272 100.00
10	3 830 000	6 643 468.00	3 390 000.00	4 358 100.00
11	4 015 600	6 127 244.00	3 718 600.00	4 324 100.00
12	5 785 000	5 285 000.00	5 089 000.00	4 536 000.00
合计	44 212 600	70 127 300.00	39 059 600.00	43 476 000.00

二、单元目标

【知识目标】

（1）了解业务循环审计的基本概念；

（2）掌握业务循环审计的基本流程。

【技能目标】

（1）能掌握营业收入的审计；

（2）能掌握应收账款的审计；

（3）能掌握预付账款的审计。

【素质目标】
(1) 培养学生谨慎务实的审计职业判断能力;
(2) 培养学生一定的创新设计能力。

三、情景导入

在对华天审计内控调查完毕之后,需要利用审计实施工具进行进一步的实质性审计工作,查找审计线索,确定审计疑点。在实质性程序阶段,营业收入和销售费用的截止测试、应收账款的函证以及重大金额项目的抽查是重要的审计程序,是审计工作中必做的审计程序。

四、操作要求

1. 登录系统

用付楚的身份登录系统,打开华天报表审计项目 2019,更名为华天审计。

2. 审计营业收入

(1) 根据给定的营业收入明细表,复核加计是否正确,并与总账、明细账、报表核对相符,形成审定表;
(2) 检查营业收入的确认;
(3) 运用营业收入分析性程序,对营业收入整体合理性进行分析;
(4) 抽查凭证,进行营业收入完整性检查;
(5) 实施销售的截止测试。

3. 审计应收账款

4. 审计预付账款

五、知识链接

1. 营业收入审计目标（表 3-11）

表 3-11 营业收入审计目标

审计目标	财务报表认定					
	发生	完整性	准确性	截止	分类	列报
A. 利润表中记录的营业收入已发生,且与被审计单位有关	√					
B. 所有应当记录的营业收入均已记录		√				
C. 与营业收入有关的金额及其他数据已恰当记录			√			
D. 营业收入已记录于正确的会计期间				√		
E. 营业收入已记录于恰当账户					√	
F. 营业收入按企业会计准则规定在财务报表中恰当列报						√

2. 营业收入实质性程序

1) 核对营业收入明细账与总账

获取或编制营业收入明细表,并执行以下工作:

（1）复核加计是否正确，并与总账数和明细账合计数核对是否相符，结合其他业务收入科目与报表数核对是否相符。

（2）检查以非记账本位币结算的营业收入的折算汇率及折算是否正确。

利用审易软件工具完成该项目。

2）检查营业收入的确认

检查营业收入的确认条件、方法是否符合企业会计准则，前后期是否一致；关注周期性、偶然性的收入是否符合既定的收入确认原则、方法。

经审查，华天审计项目的营业收入确认没有问题。

3）营业收入分析性程序

实施以下实质性分析程序，确定可接受的差异额，将实际情况与期望值相比较，识别需要进一步调查的差异。如果其差额超过可接受的差异额，调查并获取充分的解释和恰当的、具有佐证性质的审计证据（如通过检查相关的凭证等），评估分析程序的测试结果。

（1）将本期的营业收入与上期的营业收入、销售预算或预测数等进行比较，分析营业收入及其构成的变动是否异常，并分析异常变动的原因。

经审查，华天审计项目的本期营业收入与上期营业收入对比无明显波动。

（2）计算本期重要产品的毛利率，与上期（预算或预测）数据比较，检查是否存在异常，各期之间是否存在重大波动，查明原因。

利用审易软件工具完成该项目。

（3）比较本期各月各类营业收入的波动情况，分析其变动趋势是否正常，是否符合被审计单位季节性、周期性的经营规律，查明异常现象和重大波动的原因。

利用审易软件工具完成该项目。

（4）根据增值税发票申报表或普通发票，估算全年收入，与实际收入进行比较。

利用审易软件工具完成该项目。

4）检查产品价格目录

获取产品价格目录，抽查售价是否符合价格政策，并注意销售给关联方或关系密切的重要客户的产品价格是否合理，有无以低价或高价结算的方法在相互之间转移利润的现象。

5）检查发运凭证

抽取本期一定数量的发运凭证，审查存货出库日期、品名、数量等是否与销售发票、销售合同、记账凭证等一致。

6）抽查记账凭证

抽取本期一定数量的记账凭证，审查入账日期、品名、数量、单价、金额等是否与销售发票、发运凭证、销售合同等一致。

7）检查销售额

结合对应收账款实施的函证程序，选择主要客户函证本期销售额。

8）实施销售的截止测试

（1）选取资产负债表日前后若干天一定金额以上的发运凭证，与应收账款和收入明细账进行核对；同时，从应收账款和收入明细账中选取在资产负债表日前后若干天一定金额以上的凭证，与发运凭证核对，以确定销售是否存在跨期现象。

（2）复核资产负债表日前后销售和发货水平，确定业务活动水平是否异常，并考虑是否有必要追加实施截止测试程序。

(3) 取得资产负债表日后所有的销售退回记录,检查是否存在提前确认收入的情况。

(4) 结合对资产负债表日应收账款的函证程序,检查有无未取得对方认可的大额销售。

(5) 调整重大跨期销售。

9) 检查销售折扣与折让

10) 检查销售退回

存在销货退回的,检查相关手续是否符合规定,结合原始销售凭证检查其会计处理是否正确,结合存货项目检查其真实性。

11) 检查有无特殊的销售行为

检查有无特殊的销售行为,如附有销售退回条件的商品销售、委托代销、售后回购、以旧换新、商品需要安装和检验的销售、分期收款销售、出口销售、售后租回等,选择恰当的审计程序进行审核。

12) 检查关联方销售和集团内部销售

13) 检查营业收入是否在财务报表中作出恰当列报

六、技能训练

1. 获取或编制营业收入明细表

获取或编制营业收入明细表,复核加计是否正确,并与总账、明细账、报表核对相符。

要求审计华天12月财务数据,华天2019审计项目仅有12月财务数据,审计项目中无1—11月财务数据,因此仅核对审计项目中的12月营业收入明细表。

(1) 查询营业收入分类明细账。

单击"账证查询"→"分类明细账"→"营业收入",或单击工具栏"明细账"按钮进行查询(也可以通过总账穿透式查询),如图3-80所示。

科目编	科目名称	凭证日期	凭证	凭证	摘要	借方金额	贷方金额
6051	其他业务收入	20191200			年初余额		
605104	其他业务收入-销售材料	20191212	8	收	废钢调剂销售		1,100,000.00
605103	其他业务收入-房租收入	20191220	12	收	收到房租收入		12,800.00
605101	其他业务收入-销售安装C	20191225	45	转	销售安装C设备		660,000.00
605101	其他业务收入-销售安装C	20191231	82	转	期间损益结转	660,000.00	
605103	其他业务收入-房租收入	20191231	82	转	期间损益结转	12,800.00	
605104	其他业务收入-销售材料	20191231	82	转	期间损益结转	1,100,000.00	
6051	其他业务收入	201912合计			本期合计	1,772,800.00	1,772,800.00
6051	其他业务收入	201912合计			本年累计	1,772,800.00	1,772,800.00
6051	其他业务收入	201912合计			期末余额		

图3-80 其他业务收入

(2) 查询营业收入科目余额表。

单击"账证查询"→"科目余额表"→"营业收入",或单击工具栏"余额"按钮进行查询,也可以查询资料包中的余额表,如图3-81所示。

图 3-81 营业收入余额表

科目余额表用于查询统计各级科目的本期发生额和余额，它可以输出某月或某几个月的所有总账科目或明细科目的年初余额、期初余额、本期发生额、本年累计发生额、期末余额等总账信息。

（3）根据资料中给定的余额表和利润表，12 月的营业收入为 7 057 800.00-1 772 800.00（其他业务收入）=5 285 000.00（元），如图 3-82 所示。

利润表				
				会企02表
编制单位:华天	2019		12 月	单位:元
项　目	行数	上期金额	本期金额	本年累计
一、营业收入	1	73,220,100.00	7,057,800.00	7057800

图 3-82 利润表

（4）获取并查询资料中给定的营业收入明细表，如图 3-83 所示。

2019年12月营业收入明细表			
			单位:元
会计科目	1-11月发生额	12月	1-12月发生额
主营业务收入	64,842,300.00	**5,285,000.00**	70,127,300.00
—螺纹钢	12,800,000.00	1,690,000.00	14,490,000.00
—钢坯半成品	15,000,000.00	600,000.00	15,600,000.00
—高速线材	22,498,600.00	1,191,000.00	23,689,600.00
—普通线材	14,543,700.00	1,804,000.00	16,347,700.00
其他业务收入	1,320,000.00	**1,772,800.00**	3,092,800.00
—设备安装	1,320,000.00	660,000.00	1,980,000.00
—废钢	0.00	1,100,000.00	1,100,000.00
—房租收入	0.00	12,800.00	12,800.00
合计	66,162,300.00	**7,057,800.00**	73,220,100.00

图 3-83 营业收入明细表

经核查，营业收入账账、账表相符，12 月主营业务收入合计为 5 285 000.00（元），其他业务收入为 1 772 800.00（元），与获得的营业收入明细表一致。

2. 检查营业收入的确认

利用对方科目分析，来确认收入是否为正常交易形成，是否确认正确，是否符合企业会计准则；周期性、偶然性的收入是否符合既定的收入确认原则、方法。

单击"科目分析"→"对方科目分析",选择营业收入科目进行分析,主营业务收入对方科目分析如图 3-84 所示。

图 3-84 主营业务收入对方科目分析

经审查,结果正常。

3. 营业收入分析性程序

1) 分析本期营业收入与上期营业收入

将本期营业收入与上期营业收入、销售预算或预测数等进行比较,分析营业收入及其构成的变动是否异常,并分析异常变动的原因。

(1) 根据给定的本期和上期营业收入资料,利用 Excel 计算出百分比、均值、差额,如表 3-12 所示。

表 3-12 本期营业收入与上期营业收入变化趋势

项目	1月	2月	3月	4月
营业收入上期 /元	5 519 566.80	6 204 134.70	5 406 840.65	2 883 392.95
营业收入本期 /元	6 361 608.00	7 219 782.00	6 162 989.00	3 326 227.00
百分比 /%	86.76	85.93	87.73	86.69
均值 /%	86.07	86.07	86.07	86.07
差额 /%	0.69	−0.14	1.66	0.61
项目	5月	6月	7月	8月
营业收入上期 /元	5 657 206.45	5 173 908.35	6 318 536.02	4 020 260.21
营业收入本期 /元	6 470 737.00	5 941 751.00	7 493 894.00	4 804 087.00
百分比 /%	87.43	87.08	84.32	83.68
均值 /%	86.07	86.07	86.07	86.07
差额 /%	1.35	1.00	−1.76	−2.39
项目	9月	10月	11月	12月
营业收入上期 /元	3 637 817.79	5 689 374.44	5 229 436.52	6 174 485.12
营业收入本期 /元	4 290 513.00	6 643 468.00	6 127 244.00	7 057 800.00

续表

项目	9月	10月	11月	12月
百分比/%	84.79	85.64	85.35	87.48
均值/%	86.07	86.07	86.07	86.07
差额/%	−1.29	−0.43	−0.73	1.41

（2）如果审易系统中存在多年度财务数据，可以采用科目多年趋势分析功能实现。

经审计，华天审计项目的本期营业收入与上期营业收入对比无明显波动。

2）分析收入成本比率

（1）单击"科目分析"→"科目对比分析"，选择主营业务收入和主营业务成本发生额进行分析，如表3-13所示。

表3-13 分析收入成本比率

借贷	科目名称	12月
贷方	主营业务收入/元	5 285 000.00
借方	主营业务成本/元	4 536 000.00
	主营业务收入/主营业务成本/%	116.51
	均值/%	116.51

主营业务收入/主营业务成本均值为164.30%，但本月为116.51%，应进一步审查差异原因。

用同样的方法分析其他业务收入，因系统中只有2019年12月的资料，仅分析12月的数据。

（2）利用Excel分析营业收入贷方发生额与营业成本借方发生额变动趋势，也可以分析毛利率，如图3-85所示。

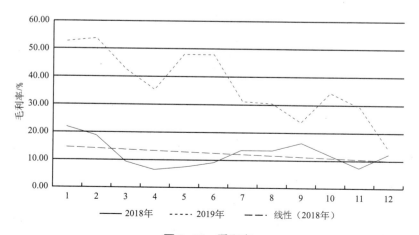

图3-85 毛利率

根据分析结果，毛利率变动较大，重点审计12月的收入。

3）比较本期各月各类营业收入的波动情况

分析其变动趋势是否正常，是否符合被审计单位季节性、周期性的经营规律，查明异常现象和重大波动的原因。采用科目趋势分析功能或Excel折线图分析，如图3-86和图3-87所示。

图3-86 科目趋势分析—营业收入

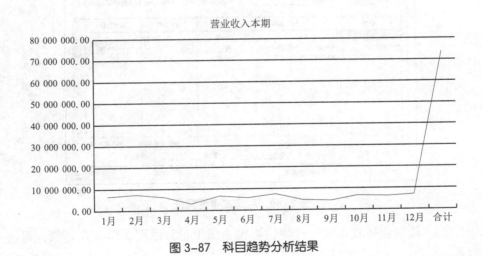

图3-87 科目趋势分析结果

比较本期各月各类营业收入的波动情况，无明显波动，其变动趋势正常。

4）根据增值税发票申报表或普通发票，估算全年收入，与实际收入金额比较

（1）根据资料中"2019年12月增值税发票销项税合计913 072（元），其中收到房租收入1 152（元）"，按照13%和9%税率，估算全年收入 = 913 072/13% + 1 152/9% = 7 023 630.77 + 12 800.00 = 7 036 430.77（元），而实际12月的营业收入 = 7 057 800.00（元），差额 = 7 036 430.77 − 7 057 800.00 = −21 369.23（元）。

（2）查询明细账和凭证。单击"明细账"按钮，查询营业收入明细账，如图3-88所示。

明细账\22210103-应交税费-应交增值税-进项税额转出　明细账\6001-主营业务收入　明

科目编号	科目名称	凭证日期	凭证	凭证	摘要	借方金额	贷方金额	方向	余额
6051	其他业务收入	20191200			年初余额			平	
605104	其他业务收入	20191212	8	收	废钢调剂销		1,100,000.00	贷	1,100,000.00
605103	其他业务收入	20191220	12	收	收到房租收		12,800.00	贷	1,112,800.00
605101	其他业务收入	20191225	45	转	销售安装C设		660,000.00	贷	1,772,800.00
605101	其他业务收入	20191231	82	转	期间损益结	660,000.00		贷	1,112,800.00
605103	其他业务收入	20191231	82	转	期间损益结	12,800.00		贷	1,100,000.00
605104	其他业务收入	20191231	82	转	期间损益结	00,000.00		平	
6051	其他业务收入	201912合计			本期合计	72,800.00	1,772,800.00		
6051	其他业务收入	201912合计			本年累计	72,800.00	1,772,800.00		
6051	其他业务收入	201912合计			期末余额			平	

图 3-88　其他业务收入明细

4. 抽查凭证，进行营业收入完整性检查

根据明细账→凭证路线，重点审查是否有低估收入的问题，要求抽查比例不少于 20%。双击明细账，穿透式查询凭证，单击“已审阅”。

1）查询明细账

穿透式查询凭证如图 3-89 所示。

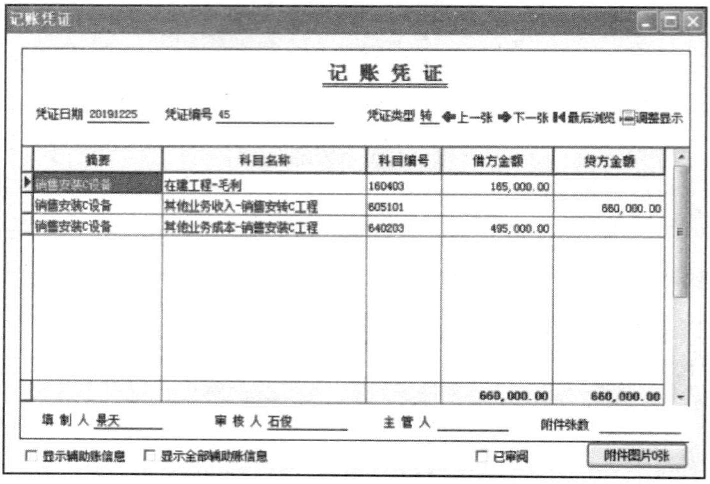
记账凭证

记 账 凭 证

凭证日期 20191225　凭证编号 45　凭证类型 转　上一张　下一张　最后浏览　调整显示

摘要	科目名称	科目编号	借方金额	贷方金额
销售安装C设备	在建工程-毛利	160403	165,000.00	
销售安装C设备	其他业务收入-销售安转C工程	605101		660,000.00
销售安装C设备	其他业务成本-销售安装C工程	640203	495,000.00	
			660,000.00	660,000.00

填制人 景天　审核人 石俊　主管人　附件张数

显示辅助账信息　显示全部辅助账信息　已审阅　附件图片0张

图 3-89　穿透式查询凭证

原因分析：其他业务收入没有产生销项税，属于正常原因，但存在差额，可进一步审计营业收入。

2）抽查大额收入

抽查主营业务收入大于 100 000 的凭证。

单击工具栏“查询”按钮，打开“综合查询”窗口，在凭证库中查询主营业务收入，如图 3-90 所示。

或/且	括弧	字段名称	条件	值
☑		科目名称	象	主营业务收入
☑		贷方金额	>	100000

图 3-90　抽查

经审查，共有六笔凭证，其中转 44 号、42 号凭证金额尤为巨大，应对其进一步审计，也可以通过单击右键先发送到疑点库。

3）抽样检查（PPS）凭证

单击工具栏"抽样"→"PPS 抽样"→"贷方金额"→"主营业务收入"，抽查结果如图 3-91 所示。

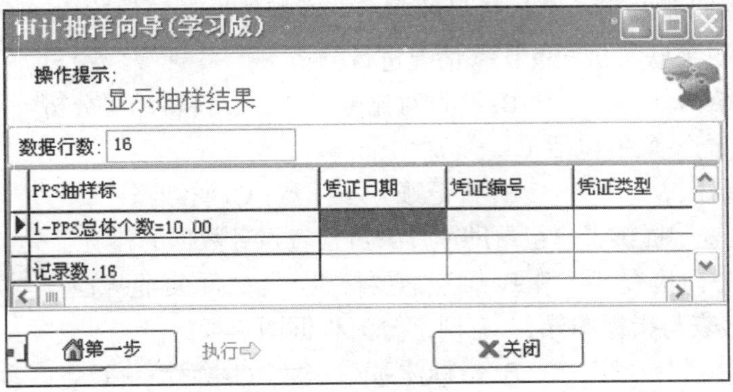

图 3-91 抽查结果

经审查，营业收入完整性检查没有发现问题。

5. 营业收入真实性检查

审查 12 月的全部主营业务收入和其他业务收入。根据明细账→凭证的路线，重点审查是否有高估收入的问题，要求全部审查。

经审查，发现 12 月 25 日（见 45 号转账凭证）为大众安装公司安装 C 设备的收入确认有误，与合同总收入不符，会计处理每期按总价款的 33% 确认收入，3 期共收 1 980 000 元，与合同总价款差 20 000 元，因此，少确认收入 20 000 元，查询记账凭证和原始凭证后，调整会计分录：

  借：营业成本——其他业务成本　　　　　　　　　　　　　　　　15 000
    在建工程——C 设备安装工程　　　　　　　　　　　　　　　　 5 000
    贷：营业收入——其他业务收入　　　　　　　　　　　　　　　　20 000

6. 实施销售的截止测试

根据 12 月的会计资料和审计资料，测试是否存在收入跨期问题。选取接近资产负债表日 12 月末转 42、44 号凭证及 2020 年 1 月初 3 笔业务作为测试对象，经审查，发现 2020 年 1 月 2 日销售给华钢工贸的 100 吨普通线材发票日期、发货日期均在 2019 年 12 月，但记账却在下一年 1 月（详见审计资料 2020 年 1 月部分收入情况汇总表）。因此，需要调整，查询凭证并调整会计分录：

  借：应收账款——华钢工贸　　　　　　　　　　　　　　　　　527 670
    贷：营业收入——主营业务收入　　　　　　　　　　　　　　　451 000
      应交税费——应交增值税（销项税额）　　　　　　　　　　 76 670

七、课后拓展

根据前导课程，自行设计其他审计过程。

◆ 项目测试 ◆

一、选择题

1. 与容量成比例的概率抽样，大金额抽中概率高，小金额也能随机地被均匀抽中的审计抽样方法是（　　）。

　　A. PPS 抽样　　　　　B. 固定样本抽样　　　C. 停走抽样　　　　D. 发现抽样

2. 某会计科目常与另一会计科目的变动存在规律性，人们称这两个科目存在关联性，（　　）即用来对关联科目间的比率情况进行分析。

　　A. 科目结构分析　　　B. 科目对比分析　　　C. 科目趋势分析　　D. 对方科目分析

3. "账表查询"菜单包括（　　）。

　　A. 科目余额表　　　　B. 日记账　　　　　　C. 明细账　　　　　D. 辅助账

4. "审计检查"提供了一组帮助审计人员检查财务数据的检查工具，具体包括（　　）。

　　A. 余额方向检查　　　B. 疑点摘要检查　　　C. 重复业务检查　　D. 银行对账

5. 单击"报表与指标向导"，有两部分流程框图：（　　）。

　　A. 报表体系　　　　　B. 指标体系　　　　　C. 会计科目　　　　D. 科目余额表

6. 审计分析包括（　　）。

　　A. 科目明细结构分析　B. 对方科目分析　　　C. 摘要汇总分析　　D. 杜邦分析

7. 辅助账查询包括（　　）。

　　A. 科目、项目　　　　B. 科目余额表　　　　C. 项目余额表　　　D. 账龄

8. 账龄辅助账可以按照（　　）显示。

　　A. 天　　　　　　　　B. 月　　　　　　　　C. 季　　　　　　　D. 年

9. 经济指标编辑包括（　　）。

　　A. 经济指标初始化　　B. 经济指标结果　　　C. 经济指标图形　　D. 经济指标分析

10. 汇总报表类别包括（　　）。

　　A. 审计报表　　　　　B. 会计报表　　　　　C. 统计报表　　　　D. 金融报表

二、实验题

完成 abc 公司以下审计分析工作：

1. 科目结构分析（分析某一个科目明细结构问题）

（1）分析其他应收款借方发生额，找出所占比重最大的明细科目。

（2）在数据显示里，查看它的比重，进一步双击查看明细账。

（3）在图形显示里，单击右键，发送至底稿，并在底稿平台进行查看（若大额图形显示，可作为底稿的一个问题说明，右键发送至工作底稿，以作为底稿的附件说明）。

2. 对方科目分析

（1）对其他应收款一级科目进行借方分析，显示出其对应的贷方科目。

（2）找出所占比重最大的贷方科目，双击查看明细及凭证。

（3）可将明细账单击右键发送至 Excel 文件作为新底稿，在审计实施阶段，其他应收款与现金结转；对所占比重最大的科目现金，进行对方科目分析，查看其他应收款等科目在现金对方科目分析中所占的比重。

3. 科目对比分析

对分子科目"产品销售成本"(借)、分母科目"产品销售收入"(贷)进行分析。

注意:均值为全年比值的平均值,差额为当月销售成本与销售收入比值减去平均值。

项目 4　信息化审计终结

目前，对审计项目的准备和实施工作已经完成，现要求在掌握审计文档基础知识及使用其他审计结果工具情况的同时，出具审计结果。

【学习目标】
(1) 了解审计成果统计、凭证查阅（或查询）统计、审计日记以及取数工具的应用。
(2) 理解调整分录和科目审定表（简称审定表）的制作。
(3) 掌握疑点和底稿管理，生成审计报告。
(4) 具备一定的沟通协调能力。
(5) 具备一定的创新设计能力。

【任务提出】
本项目的主要内容是围绕信息化审计终结展开的。在这个过程中，主要涉及以下任务：
信息化审计终结任务主要包括审计疑点管理、审计成果统计和凭证查阅统计、审计调整分录和科目审定表、生成审计报告四部分内容，具体内容如下：
审计疑点管理主要阐述了将审计过程中发现的审计疑点发送到疑点管理平台进行管理，并核定是否确实为审计问题。
审计成果统计和凭证查阅统计是为最终生成审计报告做准备。
审计调整分录和科目审定表主要阐述了对审计过程中发现的问题分录提供分录调整的平台；再通过生成的科目审定表，方便地查看调整分录。
生成审计报告主要阐述了审计组就审计任务的完成情况和审计结果，向有关方面提出的书面报告，审易软件提供了审计报告生成菜单以生成审计报告。
下面利用系统自带项目展开信息化审计终结任务。

【任务实施】

一、审计疑点管理
当审计人员发现可疑的凭证或账页时，可将当前打开的凭证或账页发送至疑点管理平台，并可将疑点问题以文字简要记述。用户发送的疑点全部集中存放于疑点管理平台中，疑点管理平台可实现对每条疑点进行修改、删除、导出等功能。疑点对象经查证落实确属审计问题时，可生成新的问题底稿，并自动存入底稿管理平台，作为底稿进行管理。这样，审计疑点管理流程如下：新建疑点问题→疑点管理平台→工作底稿管理平台。

1. 新建疑点问题

（1）打开疑点凭证或账页，单击"审计结果"→"新建疑点问题"，打开如图 4-1 所示"新建疑点问题"界面；或单击工具栏的"疑点"按钮，弹出"疑点设置"界面。

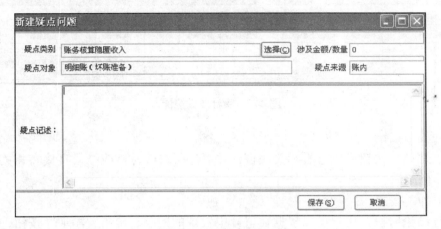

图 4-1 新建疑点问题

（2）单击"选择"按钮，可以设置疑点类型，在"涉及金额/数量"框中可以输入疑点金额，在"疑点记述"框中简要记述该凭证的疑点事项内容，单击"保存"按钮，即可将该疑点保存至疑点平台。

2. 疑点管理

单击"审计成果"→"疑点管理平台"，即可进入"疑点管理平台"，如图 4-2 所示。疑点对象经查证落实确属审计问题时，用户可勾选"确定为问题"复选框，单击"保存"按钮，系统会自动生成标准的问题底稿，并提示用户对新产生的问题底稿命名。

3. 工作底稿管理平台

对问题底稿命名后，其自动存入工作底稿管理平台。

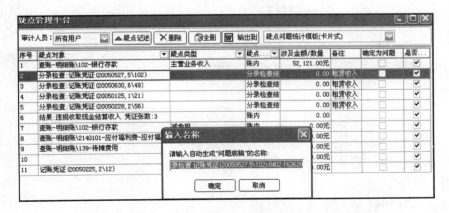

图 4-2 疑点管理平台

二、审计成果统计和凭证查阅统计

1. 审计成果统计

对某一审计项目的审计过程进行统计和汇总分析,审易软件提供了审计成果汇总平台,用以详细记录在审计过程中发现的各种审计问题。选择"审计结果"→"审计成果统计",弹出"审计成果统计"对话框,如图 4-3 所示。

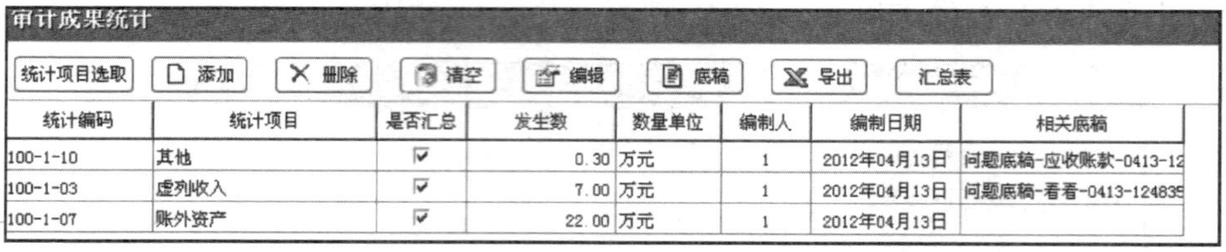

统计编码	统计项目	是否汇总	发生数	数量单位	编制人	编制日期	相关底稿
100-1-10	其他	✓	0.30	万元	1	2012年04月13日	问题底稿-应收账款-0413-12
100-1-03	虚列收入	✓	7.00	万元	1	2012年04月13日	问题底稿-看看-0413-124839
100-1-07	账外资产	✓	22.00	万元	1	2012年04月13日	

图 4-3 审计成果统计

1)"底稿"按钮

通过"底稿"按钮可以查看相关底稿,并可进行修改,修改结果直接在相关联的工作底稿中同步修改。

2)"添加"按钮

在审计结论阶段,用户可以根据在审计中发现的问题,单击"添加"按钮,在"统计项目"明细表中直接录入新的"审计问题"。

3)"汇总表"按钮

审计问题明细表可以按"问题类别"进行汇总,选择"审计结果"→"审计成果统计"→"汇总表",即可生成汇总表。

2. 凭证查阅统计

凭证查阅统计用于统计凭证总数、已审阅和未审阅凭证量及所占比重情况。

选择"审计结果"→"凭证查阅统计",弹出"凭证查阅统计"窗口,如图 4-4 所示。

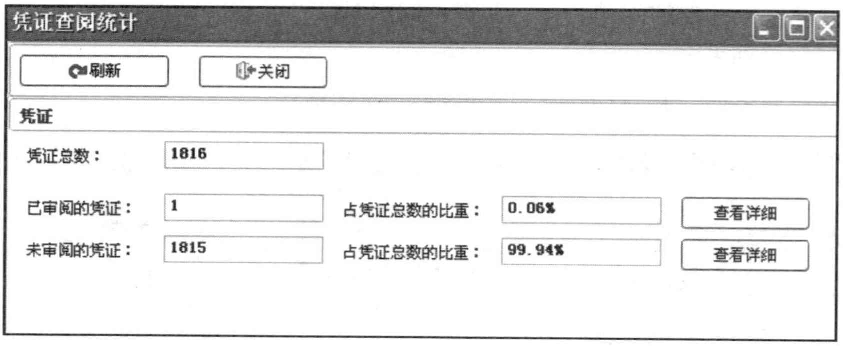

图 4-4 凭证查阅统计

3. 审计成果统计和凭证查阅统计案例

操作步骤如下:

(1)添加审计问题。

统计编码:100-1-07;

统计项目：账外资产；

是否汇总：是；

发生数：690万元。

（2）查看底稿。

选中"问题底稿—应收账款购买原材料异常"，查看底稿。

（3）查看成果统计。

（4）进行凭证查阅统计。

三、审计调整分录和科目审定表

1. 审计调整分录

审易软件提供了一个对分录进行调整的操作平台，方便审计人员随时对在审计过程中所发现的问题分录进行调整，或对账务处理不规范的分录进行必要的调整。

在"调整分录"窗口中制作调整分录，系统会根据所做的调整分录，重新生成调整后的报表，并在对报表进行计算取数时方便地体现出来。

科目刷新后，将需要调整的会计科目选定，单击"增加"按钮，即可将要调整的会计科目添加至调整分录制作区中，并提示用户输入调整方向和调整金额。需撤销调整的，则选定该调整科目，单击"删除"按钮，即可将该调整科目涉及的调整分录删除。在制作调整分录时，用户可在"调整分录备注内容"的文本框中输入相关的调整说明。调整分录制作完成，系统自动汇总调整分录。

2. 科目审定表

审易软件能轻松地生成审计项目的科目审定表，并可以方便地查看调整分录。选择"审计成果"→"科目审定表"，即可启动"科目审定表"，如图4-5所示。

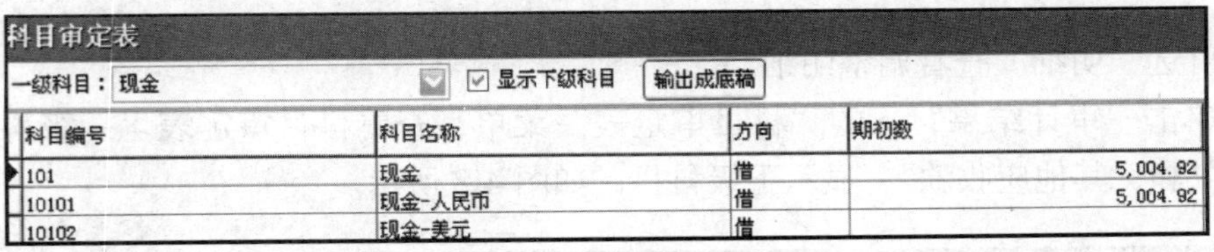

科目编号	科目名称	方向	期初数
101	现金	借	5,004.92
10101	现金—人民币	借	5,004.92
10102	现金—美元	借	

一级科目：现金　☑显示下级科目　输出成底稿

图4-5　科目审定表

3. 编制与设置调整分录并生成科目审定表

（1）查询凭证。单击"查询"功能快捷键，打开"综合查询"窗口；编辑查询条件：凭证号"1\1"、凭证日期"20080124"。

（2）手动调整分录编写。假设凭证号"1\1"、凭证日期"20080124"的凭证中"郭顺林利港加工费"应为"9000"，编写调整分录：

借　现金——人民币　　　　　　　　　　　　　　　　　　　　　　1000
　　贷　其他应收款——个人应收款　　　　　　　　　　　　　　　1000

（3）单击"审计结果"菜单下的"审计调整分录"，打开"审计调整分录"窗口。

（4）单击"制作调整分录"按钮，打开"制作调整分录"窗口。通过"增加"按钮增加会计科目，并输入调整金额"1000"，备注内容"郭顺林利港加工费调整"，如图4-6所示。

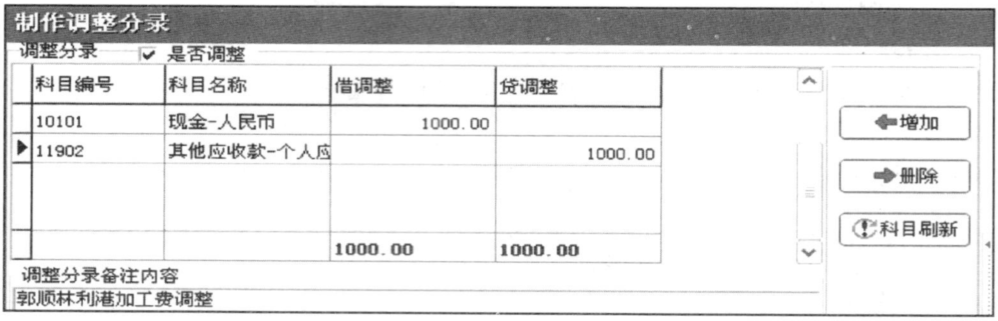

图4-6 审计调整分录

（5）单击"确定"后，回到"审计调整分录"窗口，自动进行汇总显示，如图4-7所示。

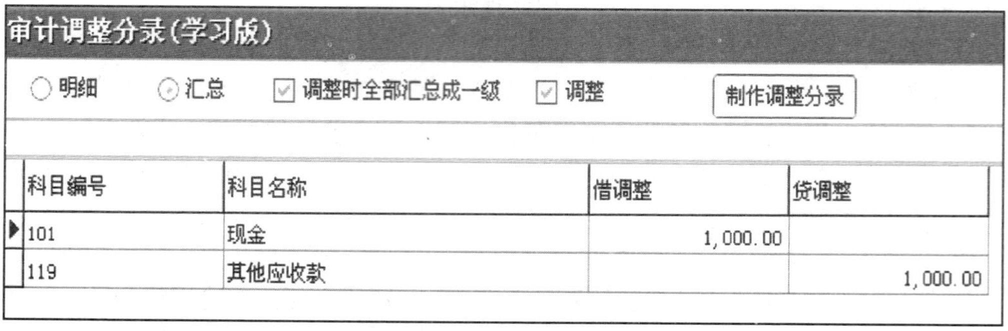

图4-7 调整分录汇总显示

（6）可选"明细"查看调整明细。

（7）单击"审计结果"下的"科目审定表"菜单，查看科目审定表。一级科目分别选择"现金"和"其他应收款"，显示下级科目，如图4-8所示。

图4-8 科目审定表

（8）将调整分录生成科目审定表。

（9）单击"输出成底稿"，生成科目审定表的工作底稿。双击待选输出底稿中的"现金"，将其移动到已选输出底稿后，单击"执行"，生成工作底稿，并在底稿平台的审定表阶段进行查询，如图4-9所示。

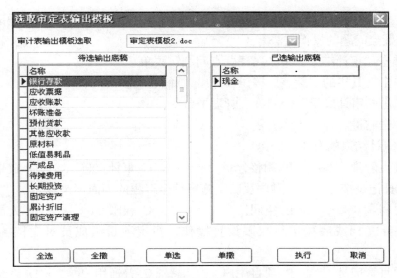

图 4-9　选取审定表输出模板

四、生成审计报告

单击"审计结果"菜单中"生成审计报告",可以自动生成审计报告,包括被审计单位基本情况的表格,可以手动填写,还可以把在审计各阶段中记录的查证问题汇总。可以选择生成的审计报告拟插入审计文档的位置及生成素材方式,选择完毕,单击"确定"按钮,系统就会在指定位置自动生成审计报告,如图 4-10 所示。

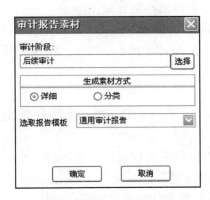

图 4-10　审计报告素材

◆ 项目测试 ◆

一、选择题

1. 实现表与表之间取数,或从其他工作底稿里获取数据的取数方式是(　　)。
   A. 列取数　　　　　B. 分组取数　　　　　C. 区域取数　　　D. 底稿取数
2. 若想了解审计人员审阅凭证的情况,可通过(　　)功能实现。
   A. 疑点统计　　　　B. 审计日记　　　　　C. 审定表　　　　D. 凭证查阅统计
3. 在"审计成果统计"窗口,单击"添加"按钮,打开(　　),直接录入新的审计问题。

A. 汇总表　　　　B. 统计项目明细表　　C. 工作底稿　　D. 凭证统计

4. 新建疑点问题的操作方法有（　　）。

　A. 单击"审计结果"→"新建疑点问题"菜单

　B. 单击工具栏的"疑点"按钮，弹出"疑点设置"界面

　C. 单击"审计成果"→"疑点管理平台"

　D. 单击右键，存为工作底稿

5. 属于审计结果的有（　　）。

　A. 疑点管理　　　B. 调整分录　　　C. 审计报告　　D. 成果统计

6. 审计日记是按（　　）顺序反映实施审计全过程的书面记录。

　A. 时间　　　　B. 空间　　　　C. 权限　　　　D. 人员

7. 对审计文档或底稿进行权限设置操作，指定项目组成员对文档的访问权的是（　　）。

　A. 项目管理员　　B. 项目用户　　　C. 普通用户　　D. 系统管理员

8. 取数公式包括（　　）。

　A. 单格取数　　　B. 列取数　　　　C. 分组取数　　D. 区域取数

9. 以下关于调整分录说法正确的有（　　）。

　A. 调整分录制作完成，系统自动汇总调整分录

　B. 在"调整分录"窗口中制作调整分录

　C. 系统会根据所做的调整分录，重新生成调整后的报表

　D. 所有的审计问题都会形成调整分录

10. 项目信息提取可提取（　　）。

　A. 项目名称　　　B. 审计年度　　　C. 底稿模板　　D. 审计类别

二、实验题

1. CPA 审计时发现被审计单位 abc 公司将一笔广告费 50 万元计入了管理费用，编辑分录并生成科目审定表。

2. 在底稿管理平台左方窗口的流程树最后面增加一个流程"审计整理"节点，并增加空白 Word 文档"设计整理文档"。

3. 请对华天审计项目进行信息化审计终结实验设计。

参 考 文 献

［1］赵天希.审计软件应用技术［M］.北京：高等教育出版社，2007.
［2］田芬.计算机审计［M］.上海：复旦大学出版社，2007.
［3］梁素萍.计算机审计实验［M］.上海：上海财经大学出版社，2007.
［4］邹德军.审计实训［M］.长沙：中南大学出版社，2008.
［5］沈征.审计实验［M］.上海：格致出版社，2009.
［6］付胜.财务报表审计模拟实训［M］.大连：东北财经大学出版社，2015.
［7］王晓霜.计算机审计［M］.大连：东北财经大学出版社，2016.
［8］胡孝东，喻竹.审计信息化［M］.北京：中国人民大学出版社，2016.
［9］陈伟.计算机审计［M］.北京：中国人民大学出版社，2017.
［10］杜海霞，审计实务［M］.北京：机械工业出版社，2017.
［11］国家审计署，http://www.audit.gov.cn/.
［12］用友，https://www.yonyou.com/.
［13］"十三五"信息化标准工作指南，要求扩展和完善会计审计信息化标准体系［J］.中国注册会计师，2017（07）.
［14］吕天阳，审计大数据的提出、特征及挑战［J］.财会月刊，2018（05）.
［15］秦荣生，我国国家审计的新要求与新发展［J］.财会月刊，2019（01）.